# TIME HACKS!

を最適化する
「7つ道具」を公開!!

時間濃度を
3倍にする、
究極の時間
ツールたち

Photo トニー・タニウチ

**3つのキーポイント**

1 時間計測ツールで
時間濃度を3倍にする

2 ToDo管理でプロジェクトを
着実に前進させる

3 ノマドワークで
ジャズ系集中力を発揮する

# TIME HACKS!の7つ道具を徹底解剖!!

## モバイルパソコン

**クラウド管理でスケジュール同期**

スケジュールをクラウド管理して、段取りを効率化。チーム力も発揮できる。(P62、64、65)

## ポスト・イット

**ToDo管理の基本はポスト・イット**

すぐに書いて貼り、終わったらはがして捨てる。やり残しを防ぐには、ポスト・イットが一番。(P26)

## ハック手帳

**ToDo管理に特化したハック手帳**

タスクインボックスという仕組みを導入、タスクを無理なくスケジュールに落とし込める。(P162)

## メンバーカード

**コワーキングスペースで仕事に熱中**

ノマドワークするなら場所を選ぼう。邪魔も入らず、メンバーと一緒に仕事に没頭できる。(P123)

## ストップウォッチ

**時間を区切って集中する**

25分1単位。「ポモドーロテクニック」は、集中力を常に維持するための仕事術。(P80)

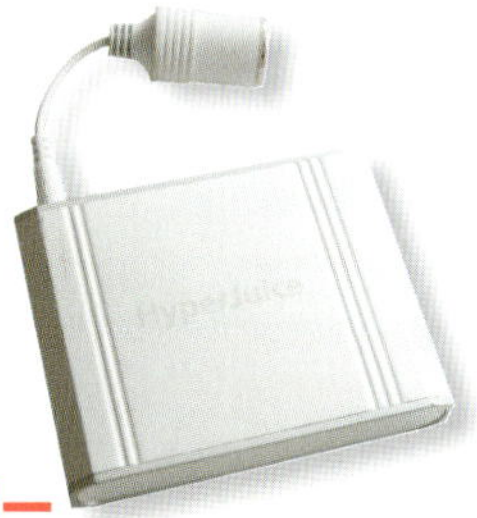

## バッテリー

**外部バッテリーでどこでもオフィス**

ノマドワークの悩みの種、バッテリー問題は外部バッテリーで解決。これで一日安心。(P62)

## iPhone

**Togglで生産性を測れ**

もっとも貴重なリソースである時間。その時間消費を「見える化」して、集中力を引き出そう。(P79)

# Google Calendarをスマートフォン連携しよう

最新スケジュールをいつでも確認できる
クラウド&スマホがおすすめ

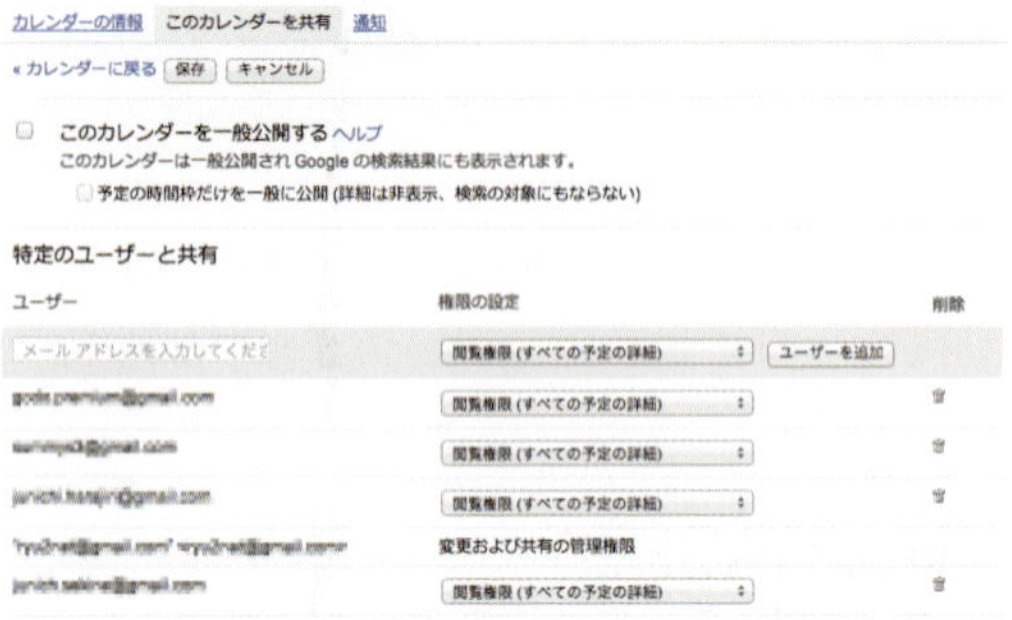


## Google Calendarでチームメンバーと共有

スケジュールを共有すれば、お互いの状況をつぶさに把握できる。

## iPhoneでスケジュールを閲覧、同期する

パソコンがなくても、スマートフォンでいつでも確認できる。

# TIME HACKS!

## ──劇的に生産性を上げる「時間管理」のコツと習慣

小山龍介

講談社+α文庫

# TIME HACKS!　Introduction
# はじめに

## ストレス軽減のための時間管理

　時間管理——いうのは簡単ですが、これがなかなか難しい。というのも、時間はためてとっておくことができないからです。情報やお金はストックすることができますが、**時間はフローするだけでストックできない**。砂時計のように、ただただ減り続ける一方です。

　そんな時間の特性から、ついつい時間に追い立てられるようにして生活しているのが現代です。仕事では膨大なタスクに押しつぶされそうになり、プライベートでもツイッターの流れるようなタイムラインに追われ、それが大きなストレスになっています。休日にさえ、漠然と「何かが手遅れになっているかも？」と不安になる。

以前の僕がまさにこれでした。

時間をお金にたとえれば、これは絶対に勝てないギャンブルに、どんどんお金を費《つい》やしていくようなものです。費やせば費やすほど、時間の大切さを忘れ、時間の扱い方が乱暴になり、無駄なことに使ってしまう。時間の浪費の悪循環にはまっていきます。

お金のギャンブルであれば、あるときお金がなくなって、ギャンブルができなくなります。しかし**時間のギャンブルに身を持ち崩す人は、自分でそのことに気づくことがない**。底なし沼です。

こうした時間浪費の行動が百八十度ガラッと変わったのが、これから紹介していくライフハック（注1）を使うようになってからでした。

**NOTE**

注1　ハックとは、コンピュータのハッキングというように悪い意味で使われていたが、「問題をサッと解決する」というポジティブな意味もある。最近では、生活を楽しくストレスフリーにするためのコツが、「ライフハック」と呼ばれるようになった。

## 仕事のできる人は「忙しい」といわない

この時間ギャンブラーは、賭け時間をどんどん上乗せしていきます。その典型的な例が、旅行に行った先で仕事が気になって旅行を満喫できない、というケース。

確かに忙《いそが》しいのはわかります。しかし、旅行に行っているなら、旅行を満喫するのが本来です。ところが時間ギャンブラーは、そうした「生産的でない時間」が許せなくなる。その結果、せっかく旅行に行っても楽しめなくなってしまうのです。

ギャンブラーは生活のあらゆる場面で、その時間を満喫することなく、時間を浪費していきます。そして常に、「忙しい」を口にする。リラックスすべき時間にも緊張感を欠かさない、忙しい自分に酔っている状態なのです。

そして、「忙しい」と口癖のようにいっている人ほど、仕事ができない。僕も昔はそうでしたし、今でもたまにいってしまい、そのあとでゾッとします。

**仕事ができる人はけっして、自分で「忙しい」とはいいません。**休むときには徹底して休み、遊ぶときには徹底して遊んでいる。時間は濃密ですが、時間に追い立てられていないため、「忙しい」という印象がないわけです。

このままではいけないと思い、まず始めたのが、「やるべきことを把握《はあく》する」ということ。

世の中には、「やったほうがいい」ことがあまりにたくさんあります。そりゃ、ランニングをしたほうがいいし、読書や勉強もしたほうがいい。料理も自分でやるといいだろうし、そうじもこまめにやったほうがいいでしょう。

しかし、それを全部やろうとすると、時間がどれだけあっても足りません。だからこそ、「やったほうがいいけど、やらなくてもいい」ということと、「やるべきこと」をはっきり分けてやる必要があるのです。

そのためには、ＴｏＤｏ管理、スケジュール管理はもちろん、そもそもそのことをやったほうがいいのか、という判断が必要になってきます。この『TIME HACKS!』では、時間をギャンブルで失わないようにするために、「やるべきでない」ことの判断テクニックについても紹介しています。

## 時間節約の人生が楽しい？

それから、時間節約の話は最小限にとどめました。「お昼ごはんを一五分で食べる」というような話は、営業の世界などではよくいわれることですし、誰でもやろうと思えばできるでしょう。でもそれって、どんな意味があるのでしょうか？

そこで節約できた一五分で、営業先を一件、多く回れるのはいいことのように思えるかもしれません。でもそれが本質的に、その人個人の生活にプラスになるのでしょ

7

**効率に圧倒的な差が出るのが知的な業務の特色**

Aさんが10分で作成した企画を、Bさんは10時間かかることも。
（もしくは10時間かけても生み出せないことも）

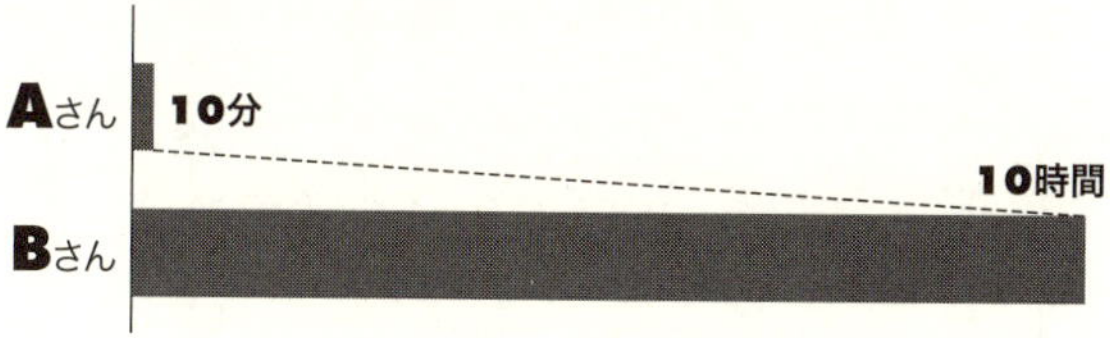


うか？　食にこだわりがある人には、食事をいいかげんに済ませるのはあまりにつらいことでしょう。心の豊かさを犠牲にしてまで追求する時間術に、どれほどの価値があるというのでしょう。

そういうことよりもむしろ、時間をどのように効果的に使うかが重要です。同じ一時間でも、集中できた一時間とできなかった一時間とはまったく違います。とくに知的労働においては、その差は非常に大きくなります。

たとえば、Aさんが一〇分考えてさっとつくった企画とBさんが一〇時間かけてつくった企画。ここには、時間の効率という点で六〇倍もの差があります。Bさんが一〇分、一五分節約しても追いつけない、歴然とした差があるわけです。

**本書では目標として、三倍の効果を上げることを目指します。**そしてその分、人生をもっと楽しむことも目指していきます。

「ライフハック」は「ビジネスハック」ではありません。ライフは「生活」であり「人生」です。仕事だけではないのですから。

## 未来の不安を取り除く時間術

とはいえ、「楽しんでいたら、将来が不安」という人も多いでしょう。寸暇《すんか》を惜《お》しんで一生懸命働けば、それだけスキルもついて、仕事もできるようになり、給与も上がる。確かにそういう側面もあります。若いうちの苦労は買ってでもしろというのは、一面の真理をついています。

では、いったいどういうことをすれば、将来の不安が取り除かれるのでしょうか。不安を軽減する時間の使い方と、不安を増大する時間の使い方があるとしたら、いったい何が違うのでしょうか。そこで提案したいのが、時間の**「投資」**と**「贈与」**という概念です。

お金の投資の仕方を教える本はたくさんありますし、世の中にさまざまなアドバイスのサービスが存在します。でも、肝心の時間の投資の仕方については、そうではありません。本当は時間こそ、もっとも限られた大切な資本であり、それをどのように

## 時間の貸借対照表

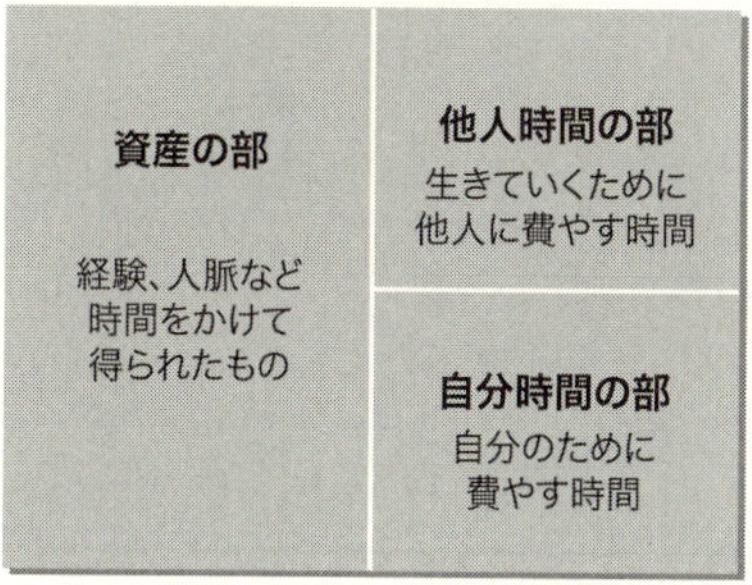


運用していくかが人生のリターンを弾《はじ》き出すポイントになるはずなのに。

これを企業の貸借対照表にたとえると、資産の部（未来の時間と過去の経験）＝負債＋資本の部（他人時間＋自分時間）ということになります。

限られた時間を、お金と経験へと変えていくプロセス。見方を変えると、人生は時間資本を、さまざまな形態の資産へと変えていく活動だということもできます。

こうした発想があってはじめて、自分の将来を明るくする時間の使い方が見えてくるのです。

そしてそれをさらに推《お》し進《すす》めたものが、時間の贈与です。投資は、ある程度の期間を経てリターンを得ることを目指していますが、贈与はそうしたリターンを期待しません。

人脈形成がそうであるように、リターンを期待した交流は、結果的にその下心を見《み》透《す》かされて、うまくいきません。リターンを期待しない贈与の意識で行った活動が、しかし実際には豊かなリターンをもたらしてくれる。贈与したものが、より大きな贈与となって返ってくるのです。

こうした贈与の循環についても紹介したいと思います。

## 夢の実現はライフハックにかかっている

結局、重要なのは、**「今」という瞬間から目をそらさない**こと。

将来の不安にさいなまれていたり、過去の実績にしがみついていると、本当に重要な「今」というものを軽んじてしまうようになってしまいます。時間はフローしているといいましたが、これはいい換えると、時間は常に、「今」しかないということなのです。そしてその「今」の積み重ねが、夢の実現へとつながります。

今、ここでできる具体的なテクニックを提案するのがライフハックです。かといって、些《さ》細《さい》なことばかりにこだわって、本質的なことを忘れてしまいたくはない。そういう思いから、夢を実現するための時間感覚についても書いてみました。

そこで強調したのは、夢は個人のものではなく、みんなの共有財産だということ。その一部を、仮にゆずり受けてエネルギーをもらっているのが、夢を実現している人たちです。

勇気を出して、共有財産である夢の一部を引き受けてみる。そこには責任もかかってきます。けれども、それに見合うだけの大きなエネルギーと、達成したときの感動があるはずです。

この本を手に取ったということは、もしかしたらあなた自身、夢を引き受けて実現するターニングポイントなのかもしれません。ぜひそういうタイミングに読んでもらえたら、と思っています。

著者記す

| コミュニケーション | フィードバック | 意思決定 |
|---|---|---|
| **考え方** | **考え方** | **考え方** |
| ・足し算とかけ算 | ・効率と効果 | ・微分と積分<br>・シンプルに考える |
| **スケジュールの見える化** | **スケジュールを組み換える** | **判断基準をつくる** |
| ・Google Calendar でスケジュールを共有する<br>・MindManager でガントチャートづくり | ・2 万 5000 ドルのアイデア<br>・アポは 2 週間の単位で調整する | ・「やらないことリスト」をつくる<br>・オフサイドルールをつくる<br>・プライベートの予定をオレンジにする<br>・海外旅行ではなく、海外「滞在」する |
| **コミュニケーションの型をつくる** | **進捗を振り返る** | **投資判断をする** |
| ・Facebook によるコミュニケーションハック<br>・領収書の日付は昇順にして貼る<br>・コミュニケーションをフォーマット化する<br>・「たいおせ」で「たいへんお世話になっております」 | ・中長期の目標は習慣化で達成する<br>・積み上げた成果をフィードバックする<br>・段位をつけて計画の進捗を管理する<br>・四半期ごとに計画を立てる<br>・ゴールイメージから逆算して計画を立てる | ・時間を経験に変える<br>・時間の 20%を自分 R&D に投資する<br>・プロジェクトの費用対効果<br>・時間投資はファンダメンタル重視でいく<br>・投資によるリターンはインカムゲイン |
| **情報を共有する** | **他人の視線を取り入れる** | **生き方を考える** |
| ・ファイル共有ハック<br>・重要な打ち合わせは立ち話で済ませる | ・1 人でやる仕事を 2 人でやる<br>・夢をソーシャルメディアに書く<br>・夢を携帯電話の待ち受けにする<br>・襲名する<br>・長引きそうな会議のあとに外出の予定を入れる | ・自分へのアポを入れる<br>・新しい世代へと脱皮する<br>・ライフハックは人生論に先行する<br>・生命としての〈はたらき〉を与贈循環させる |
| **仕事を任せる** | | |
| ・ホップ・ステップ・ジャンプの 3 段階に業務を分ける<br>・ルーチン化できる仕事は、できるだけ社外に任せる | | |
| **チームをつくる** | **フィードバックを受け入れる** | |
| ・「七人の侍」を社内から集める<br>・知らない分野の本を 10 冊斜め読みする<br>・相性の悪い人をチームに入れる | ・8 割仕上げ、2 割は余白 | |

| 環境づくり | 時間整理 | 時間効率 |
|---|---|---|
| 考え方 | 考え方 | 考え方 |
| ・ジャズとトランス | ・一瞬と一生 | ・リズムとメロディ<br>・ニュートン時間とベルクソン時間 |
| リズムをつくる | 時間を把握する | 1週間を設計する |
| ・2分で終わることはすぐに処理する<br>・音楽はトランス系とジャズ系を用意する<br>・タメの時間をつくる | ・細かいスケジュールは忘れる<br>・スケジュールの記憶は「他力本願」<br>・ポータブル ToDo リスト | ・見栄っ張り本能を利用してスケジュールを埋める<br>・1週間スケジュールで予定を組み立てる<br>・月曜日に人とは会わない<br>・水曜日はできるだけ人に会う<br>・金曜日の夜は飲まない |
| モードをつくる | すきま時間を活用する | 時間の型をつくる |
| ・身近なリゾート、温泉を活用する<br>・計画に季節感を取り入れる<br>・旅行の計画を入れる | ・ポスト・イットをあらかじめ貼っておく<br>・ポスト・イット ToDo 管理術<br>・ToDo リストは複数持つ<br>・受け取ったメールをそのまま ToDo に登録する | ・スケジュールの型を「繰り返し設定」にする<br>・リマインダーを活用して行動をコントロールする<br>・始業前にその日の仕事を終わらせる<br>・自宅時間をグレーに塗りつぶす<br>・午後2時に人と会う |
| 脳を刺激する | 時間を節約する | 時間効率を上げる |
| ・運動したあとにビールを飲む<br>・そうじで集中力を高める<br>・ジャズ系の集中力を高める儀式<br>・コワーキングスペースで意識の高い人と「合宿」する | ・職場の近くに引っ越す | ・昼ご飯をひとくち分残す<br>・2種類の集中力を使い分ける<br>・トランス状態でメールを打つ<br>・同時にふたつのことに取り組まない<br>・給料日に現金を下ろさない<br>・25分で区切るポモドーロテクニック |
| 邪魔を取り除く | 情報を整理する | 効率を計算する |
| ・アイマスクをして呼吸を整える<br>・会議室を占拠して「疑似会議」を実施する | ・時間を生み出す整理術<br>・ハードディスクはいっぺんに整理しない<br>・「ものぐさ原則」による名刺整理術 | ・作業時間を記録する「Toggl」<br>・自分コストを計算する<br>・「週末起業」という方法 |

# TIME HACKS! ―― 劇的に生産性を上げる「時間管理」のコツと習慣　目次

TIME HACKS! Introduction　はじめに　3

Chapter 1
## ToDoハック ―瞬と一生

TIME HACKS! 01　やることを可視化するポスト・イットToDo管理術　26
TIME HACKS! 02　ドキュメントフォルダによるポータブルToDoリスト　27
TIME HACKS! 03　ポスト・イットをあらかじめ貼っておく　29
TIME HACKS! 04　二万五〇〇〇ドルの価値を持つ究極のToDo管理術　32

TIME HACKS! 05 同時にふたつのことに取り組まない 35
TIME HACKS! 06 二分で終わることはすぐに処理する 37
TIME HACKS! 07 受け取ったメールをそのままＴｏＤｏに登録する 38
TIME HACKS! 08 ＴｏＤｏリストは複数持つ 40
TIME HACKS! 09 リマインダーを活用して行動をコントロールする 43
TIME HACKS! 10 給料日に現金を下ろさない 45
TIME HACKS! 11 運動したあとにビールを飲む 46
TIME HACKS! 12 「やらないことリスト」をつくる 48
TIME HACKS! 13 中長期の目標は習慣化で達成する 52
TIME HACKS! 14 積み上げた成果をフィードバックする 54
TIME HACKS! 15 一瞬と一生 56

## Chapter 2 スケジュールハック リズムとメロディ


TIME HACKS! 16 細かいスケジュールは忘れる 60
TIME HACKS! 17 スケジュールの記憶は「他力本願」 62
TIME HACKS! 18 Google Calendar でスケジュールを共有する 64
TIME HACKS! 19 見栄っ張り本能を利用してスケジュールを埋める 65
TIME HACKS! 20 プライベートの予定をオレンジにする 67
TIME HACKS! 21 一週間スケジュールで予定を組み立てる 69
TIME HACKS! 22 月曜日に人とは会わない 71
TIME HACKS! 23 水曜日はできるだけ人に会う 73
TIME HACKS! 24 金曜日の夜は飲まない 74
TIME HACKS! 25 スケジュールの型を「繰り返し設定」にする 76
TIME HACKS! 26 アポは二週間の単位で調整する 78

TIME HACKS! 27 作業時間を記録する「Toggl」 79
TIME HACKS! 28 二五分で区切るポモドーロテクニック 80
TIME HACKS! 29 長引きそうな会議のあとに外出の予定を入れる 82
TIME HACKS! 30 自分へのアポを入れる 83
TIME HACKS! 31 リズムとメロディ 85

Chapter 3
## 時間効率ハック ジャズとトランス

TIME HACKS! 32 ニュートン時間とベルクソン時間 88
TIME HACKS! 33 始業前にその日の仕事を終わらせる 90
TIME HACKS! 34 アイマスクをして呼吸を整える 93
TIME HACKS! 35 会議室を占拠して「疑似会議」を実施する 96
TIME HACKS! 36 そうじで集中力を高める 98

TIME HACKS! 37 「とりあえずボックス」で時間を生み出す整理術 100
TIME HACKS! 38 ハードディスクはいっぺんに整理しない 102
TIME HACKS! 39 「ものぐさ原則」による名刺整理術 106
TIME HACKS! 40 昼ご飯をひとくち分残す 108
TIME HACKS! 41 二種類の集中力を使い分ける 110
TIME HACKS! 42 トランス状態でメールを打つ 114
TIME HACKS! 43 音楽はトランス系とジャズ系を用意する 115
TIME HACKS! 44 午後二時に人と会う 117
TIME HACKS! 45 タメの時間をつくる 119
TIME HACKS! 46 身近なリゾート、温泉を活用する 121
TIME HACKS! 47 コワーキングスペースで意識の高い人と「合宿」する 123
TIME HACKS! 48 ジャズ系の集中力を高める儀式 125
TIME HACKS! 49 ジャズとトランス 127

## Chapter 4
# 時間投資ハック　効率と効果


TIME HACKS! 50　自分コストを計算する　130
TIME HACKS! 51　時間を経験に変える　133
TIME HACKS! 52　時間の二〇%を自分R&Dに投資する　137
TIME HACKS! 53　海外旅行ではなく、海外「滞在」する　140
TIME HACKS! 54　時間投資はファンダメンタル重視でいく　141
TIME HACKS! 55　投資によるリターンはインカムゲイン　143
TIME HACKS! 56　プロジェクトの費用対効果　146
TIME HACKS! 57　職場の近くに引っ越す　149
TIME HACKS! 58　「週末起業」という方法　151
TIME HACKS! 59　自宅時間をグレーに塗りつぶす　152
TIME HACKS! 60　八割仕上げ、二割は余白　155

TIME HACKS! 61 シンプルに考える 156
TIME HACKS! 62 効率と効果 159

## Chapter 5
# チームハック 足し算とかけ算

TIME HACKS! 63 MindManager でガントチャートづくり 162
TIME HACKS! 64 ファイル共有ハック 164
TIME HACKS! 65 Facebook によるコミュニケーションハック 166
TIME HACKS! 66 領収書の日付は昇順にして貼る 167
TIME HACKS! 67 コミュニケーションをフォーマット化する 170
TIME HACKS! 68 「たいおせ」で「たいへんお世話になっております」 172
TIME HACKS! 69 ホップ・ステップ・ジャンプの三段階に業務を分ける 174
TIME HACKS! 70 ルーチン化できる仕事は、できるだけ社外に任せる 176

TIME HACKS! 71 「七人の侍」を社内から集める 179
TIME HACKS! 72 知らない分野の本を一〇冊斜め読みする 181
TIME HACKS! 73 相性の悪い人をチームに入れる 182
TIME HACKS! 74 オフサイドルールをつくる 185
TIME HACKS! 75 一人でやる仕事を二人でやる 188
TIME HACKS! 76 重要な打ち合わせは立ち話で済ませる 191
TIME HACKS! 77 足し算とかけ算 193

Chapter 6
計画ハック 微分と積分

TIME HACKS! 78 四半期ごとに計画を立てる 196
TIME HACKS! 79 計画に季節感を取り入れる 197
TIME HACKS! 80 旅行の計画を入れる 200

TIME HACKS! 81 ゴールイメージから逆算して計画を立てる 202
TIME HACKS! 82 新しい世代へと脱皮する 204
TIME HACKS! 83 段位をつけて計画の進捗を管理する 207
TIME HACKS! 84 夢を携帯電話の待ち受けにする 209
TIME HACKS! 85 襲名する 210
TIME HACKS! 86 夢をソーシャルメディアに書く 212
TIME HACKS! 87 ライフハックは人生論に先行する 214
TIME HACKS! 88 生命としての〈はたらき〉を与贈循環させる 217
TIME HACKS! 89 微分と積分 220
TIME HACKS! 先駆的な知としてのライフハック 225

# TIME HACKS!

——劇的に生産性を上げる「時間管理」のコツと習慣

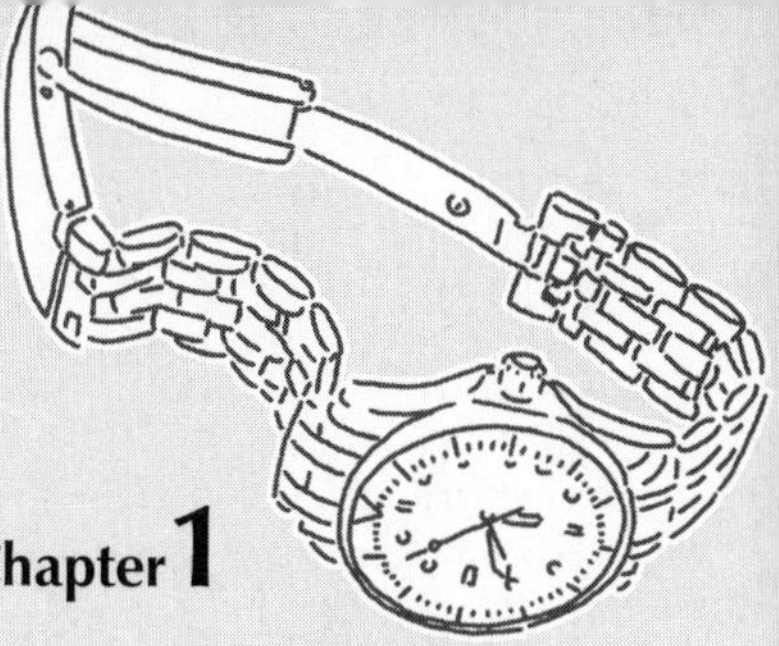

# Chapter 1

Title

## ToDoハック

Sub Title

## 一瞬と一生

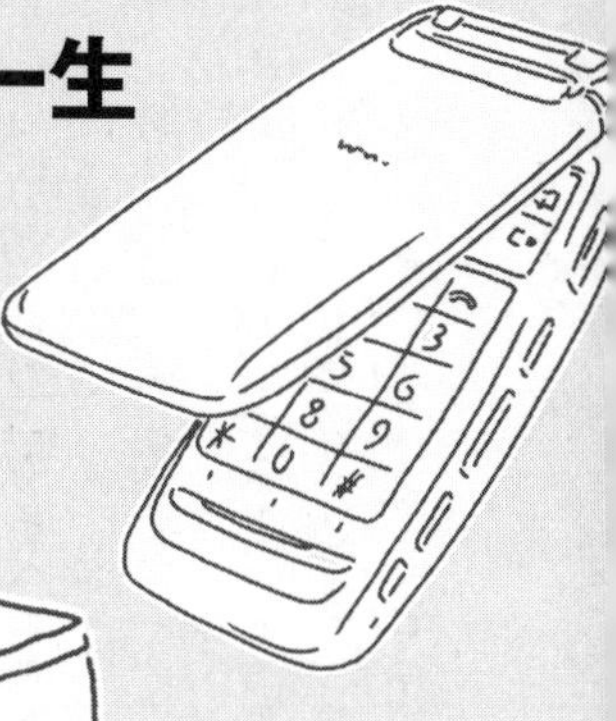

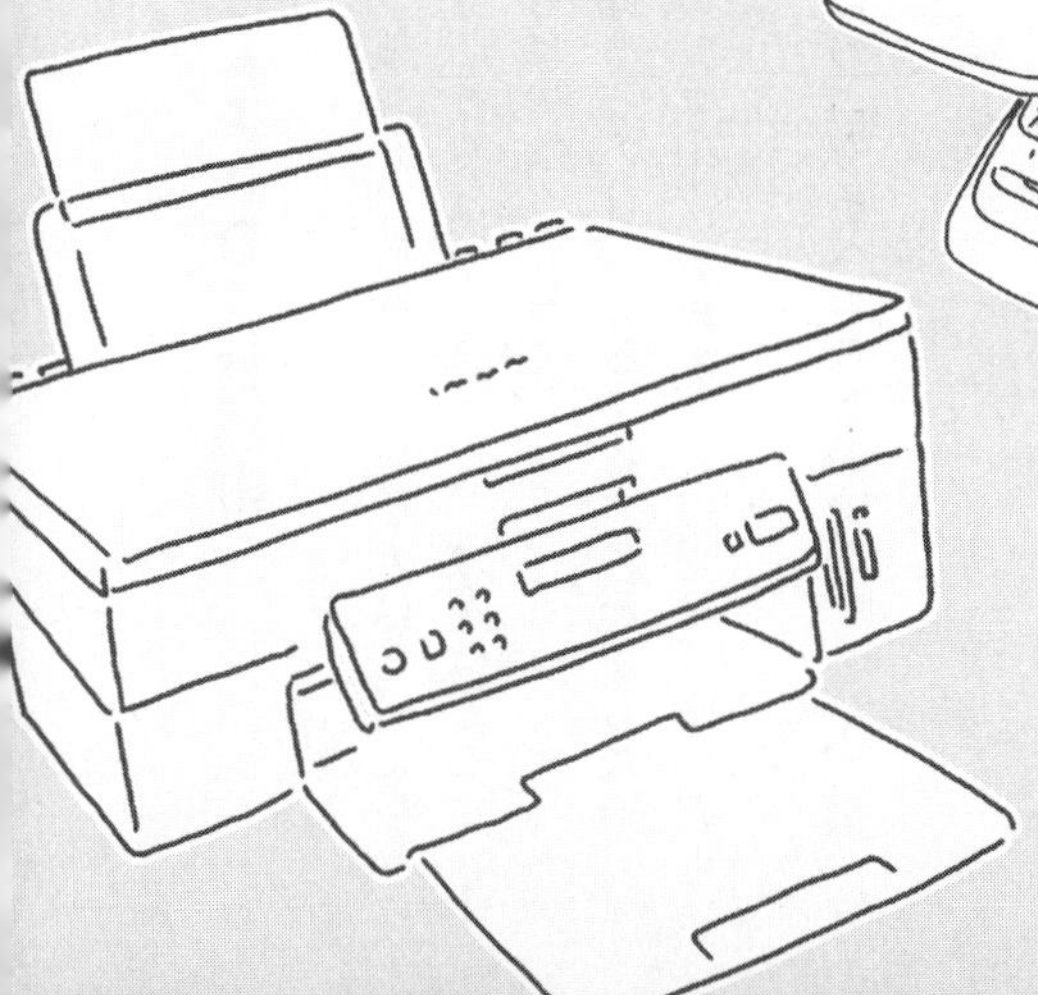

TIME HACKS! 01

# やることを可視化するポスト・イットToDo管理術

今この瞬間に、何をやらないといけないのか、ちゃんと把握《はあく》している人は意外に少ない。今日一日やるべきことを把握している人も、多くはありません。今週はどこまでやればいいかがわかっている人となると、さらに少なくなるでしょう。

どれだけやればいいかわからないまま仕事を進めるのは、まるで距離のわからないマラソンレースに出るようなものです。走っていてゴールが見えないのでは、辛いだけでなく、不安にさいなまれてしまうことでしょう。

仕事上のこうした不安を取り除くためにも、この**「やるべきことの管理」**こそ、最初に行うべきことです。

ToDo管理の方法でまずおすすめしたいのが、**ポスト・イットによる管理**です。具体的には、仕事を頼まれたら、ポスト・イットに書き込んで、見えるところに貼《は》っておくのです。そしてやり終えたら、そのポスト・イットをはがして捨てていきます。

こうすれば、ポスト・イットの量がそのままやることの量となって、視覚的に把握することができます。

ポスト・イットのサイズは、七五ミリ×二五ミリの細長いサイズと、七五ミリ×五〇ミリくらいの大きめのものを用意するといいでしょう。簡単なToDoであれば細長いものに記入し、複雑なものであれば大きいサイズのものに作業の内容を詳しく書き込みます。電話でToDoを聞くときにも、大きなポスト・イットをそのままメモ用紙として利用できます。

TIME HACKS! 02

## ドキュメントフォルダによるポータブルToDoリスト

ここで重要なのは、このポスト・イットを見逃さないようにすることです。あるとき、「それじゃあ、二時間後に電話します」といって電話を切って、ポスト・イットに書き込んだとします。これで安心！ といいたいところですが、その後、そのポスト・イットを見る機会がまったくなく、再びチェックしたのは五時間後……。電話をすることを見事に忘れてしまったとしたら、ToDoメモも意味がないわけです。

机に立てかけたドキュメントフォルダ。厚紙だから、立てかけておける。

大切なことは、ポスト・イットを見逃すことのない場所に置くことです。たとえばデスクワークがメインの人なら、机の前にスペースをつくる。そしてそこに、ＴｏＤｏをポスト・イットでぺたぺた貼っていく。机にいるときにはいつも、そのＴｏＤｏを見ることになるので、うっかり忘れることはありません。パソコンでの仕事が多い人なら、ディスプレイの周りに貼っていくといいでしょう。

ただこれだと、机を離れてしまうとＴｏＤｏがチェックできません。できればこれは、持ち運びができるようにしておきたいところ。

僕は以前、写真のような「ドキュメントフォルダ」を利用して持ち運ぶようにしていました。さっと折りたためばポスト・イットがずれ落ちることもありませんし、厚紙なのでデスクのどこかに掲示するのも容易です。打ち合わせや外出する際に、サッと持っていけ

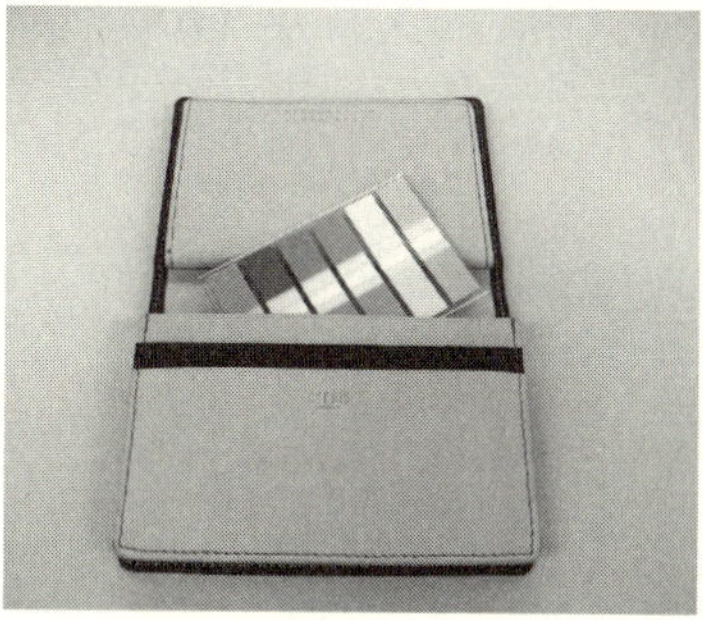

プラスチックカバーのあるポスト・イット。財布や名刺入れの中に入れても、バラバラになったりしない。

るので、デスクを離れても問題ありません。

TIME HACKS! 03

## ポスト・イットをあらかじめ貼っておく

ところで、ポスト・イットをいつも肌身離さず持ち歩くことはなかなかたいへんです。必要なときに限ってポスト・イットを持っていないという「マーフィーの法則」（注2）が発生しやすいツールです。いろいろ試《し》行《こう》錯誤《さくご》した結果、「これだ！」という方法をふたつ見つけました。

ひとつは、**財布や名刺入れの中に入れる**こと。薄いプラスチックカバー

NOTE

注2　「うまくいかない可能性のあることは、すべてうまくいかない」などの悲観的な経験則。ポスト・イットが必要なときほど、手元にポスト・イットはない。「マーフィーの法則」は馬鹿げているようだけれど、実は重要。「起こりうることは起こりうる」という認識は、プロジェクトにおけるリスクマネジメントの基本でもある。

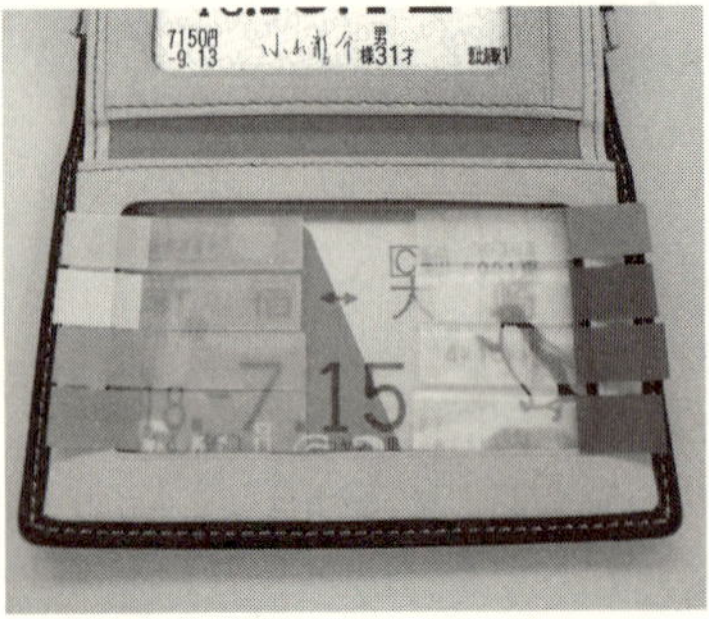

定期入れに貼ったポスト・イット。定期入れのプラスチック面も、ポスト・イット持ち運びの絶好のスペースに。

のあるポスト・イットを財布の中に入れておくのです。財布を持ち忘れることはほとんどないので、これで、まず間違いありません。ただこの場合、持ち歩けるポスト・イットのサイズは小さいものに限られてしまいます。

もうひとつの方法が、画期《かっき》的です。ポスト・イットを貼りつけるであろう場所に、**あらかじめ貼りつけておく**という、逆転の発想です。これであれば、ポスト・イットを「忘れる」ことはなくなります。

先ほど紹介した、ＴｏＤｏを貼るドキュメントフォルダにもあらかじめ貼っておき、ＴｏＤｏを思いついたら、そのまま貼ってあるポスト・イットに書き込んでいきます。

この方法が高じて、ノートにもぺたぺた、ポスト・イットを貼るようになりました。これだけで普通のノートが、多機能メモノートに早変わり。ポスト・イッ

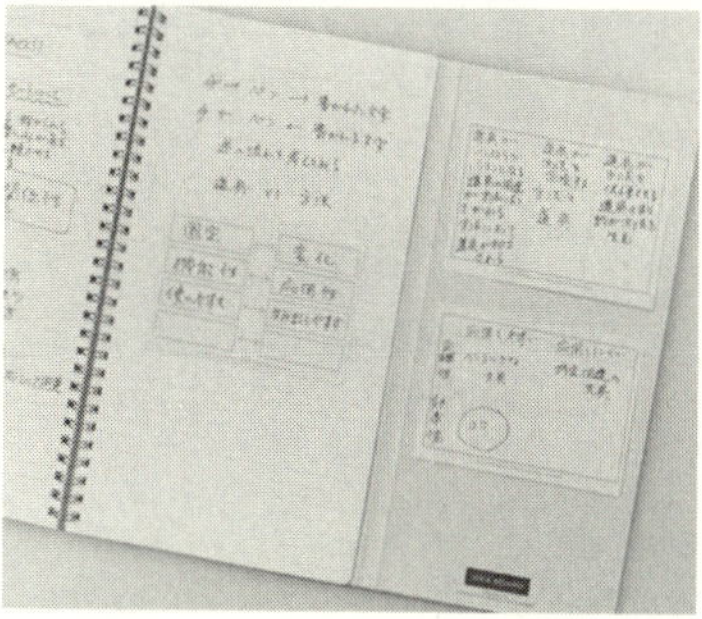

ハック！ノートは、ポスト・イットを貼りつけるのにちょうどいいフラップ部分がついたノートです。フラップ部分はしおりにしたり、ペンをとめておくのにも使えます。

トを貼り替えたりして、情報編集できるノートになりました。

その後、文具コンサルタントの土橋正《つちはしただし》さんといっしょに、コクヨS&Tから「ハック！ノート」を発売するまでになりました。このハック！ノートは、アイデアボードと呼ばれるポスト・イットを貼りつけられるフラップ部分がついている多機能ノートです。

さらに、パソコンのパームレスト部分に貼っておいても便利です。ウェブサイトを見ていて、ちょっとメモしたい！　というときにもすぐに使えますし、パソコン作業をしているときに電話が来て、とっさにメモするのにも便利です。また、パームレストの汚れ防止にもなります。

貼ってはがせるポスト・イットならではの、面目躍《めんもくやく》如《じょ》の活躍です。

ノートパソコンに貼られたポスト・イット。ポスト・イットを貼るだけで、アナログメモパッドつきノートパソコンが完成。
細かいことだが、のりづけ部分を手前にしておくと、作業中でもはがれたりしない。汚れ防止にもなる。

TIME HACKS! 04

## 二万五〇〇〇ドルの価値を持つ究極のＴｏＤｏ管理術

こうしてＴｏＤｏを処理していっても、どうしてもやり残してしまうものが出てくるでしょう。このように**昨日できなかったＴｏＤｏは、翌日、必ずそのプライオリティを見直します**。これはアイビー・リーのアイデアと呼ばれ、二万五〇〇〇ドルの価値（！）を持つライフハックです。

二〇世紀はじめ、アメリカの鉄鋼王チャールズ・シュワブに対して、経営コンサルタントのアイビー・リーは「能率を五〇％上げる方法がある」といって、次のような提案をしました。

それは非常にシンプルなＴｏＤｏの管理法でした。まず、終礼の時間、従業員に明日やらなければならない六つのことを書き出させ、重要度に応じて一〜六の番号をつけます。

翌日の朝礼では、そのリストを確認し、プライオリティの順番に物事を片づけていきます。

この六つのＴｏＤｏは、必ずしもその日にすべてやり終える必要はありません。終礼では、やり残したことも含めて、再び六つのＴｏＤｏを書き出して、重要度の番号を振っていきます。ただこれだけのことです。

アイビー・リーはこの方法に絶対の自信を持っていました。もし効果がなければ報酬はいらない、しかし、もし効果があれば妥当《だとう》な報酬を支払って欲しい、とシュワブに持ちかけたのでした。

そして、このシンプルな方法によって、職場での生産効率が上がり、アイビー・リーは見事、二万五〇〇〇ドルの報酬を獲得したのでした（注3）。

六つのＴｏＤｏをプライオリティ順にやる。これは重要な示唆《しさ》を含んでいます。それは、**ＴｏＤｏのプライオ**

NOTE

注3　その後、アイビー・リー自身は、現代のパブリックリレーション（PR）の礎《いしずえ》を築くことになる。「真実を伝えなさい。遅かれ早かれ、大衆にはわかってしまうのだ」というポリシーのもと、ペンシルバニア鉄道の事故の際には、マイナス情報もいち早く伝え、成果を上げた。インターネット時代の現代ではなおいっそう、情報公開の重要性が増している。PRの分野にはこのほかにも、コミュニケーションハックとも呼べる、さまざまな「使える」ハックがある。

## アイビー・リーの2万5000ドルのアイデア

**その日のToDoリスト**

1. 提案する
2. 企画書をつくる
3. フォローの電話をする
4. 打ち合わせのアポ取り
5. 打ち合わせの資料をつくる
6. 次回の企画の調査

プライオリティ順に並べる。

**次の日のToDoリスト**

1. 打ち合わせの資料をつくる(繰り越し)
2. 営業報告書の作成
3. 企画打ち合わせ
4. 次回の企画の調査(繰り越し)
5. 新規営業先リスト作成
6. 調査の概要作成

前日できなかったものも含めて、
再度、プライオリティ順に並べる。

**リティは、毎日変化している**ということ。そして、そのプライオリティを毎日見直していくだけでも、ずっと生産性は高まる、ということなのです。

先に紹介したポスト・イットでのToDo管理法ですが、プライオリティの見直しがしやすいという点でも、非常に役立っています。たとえば締め切りが近づいてくるとか、不慮《ふりょ》のトラブルで、あるToDoの重要度が急にぽーんと上がったりするケースがあります。

ポスト・イットを使うことで、さっと、プライオリティを変更するわけです。このプライオリティの見直しを繰り返すことで、ToDoリストがより洗練されて、重要な役割を果たすようになっていきます。

## TIME HACKS! 05 同時にふたつのことに取り組まない

アイビー・リーのToDo管理術のもうひとつのポイントは、**人は一度にふたつのことはできない**、ということです。

「マルチタスク」という言葉があります。コンピュータなどで、同時にふたつ以上の作業をこなしてしまうことです。たしかに、機械であればそうしたことも可能でしょう。しかし人の脳は、こうしたマルチタスクは基本的にはできません。ふたつのことを同時にやろうとすれば、とたんにスピードが落ち、仕事の精度も下がってしまいます。

仕事をたくさんこなしている人も、その作業プロセスの実態を見ていくと、シングルタスクを高速に切り替えていることに気づきます。切り替えが速いため、マルチタスクに見えるだけなのです。

トヨタの自動車工場では、ひとつのラインでできるだけ多様な車種を製造するために、工具の切り替えにかかる時間を最大限短縮する工夫をしているそうです。同じ車種を大量につくっていた時代と異なり、現在は車種だけでなく、さまざまなオプションの異なる車がつくられています。そうした時代に対応するためには、一度に大量につくるより、**切り替えの時間を短縮することが重要**なのです。

仕事も同様です。

大量のルーチンワークを効率よくこなす時代であれば、切り替えは不要でした。しかし今は、少しずつ異なる多様なタスクが絶え間《たま》なくやってきます。そうした状況に対応するためには、同時にふたつのことをこなそうとするのではなく、**仕事と仕事の切り替えの時間を短縮することにフォーカスするべき**なのです。

TIME HACKS! 06

## 二分で終わることはすぐに処理する

トヨタの工場の話はもうひとつのハックを僕たちに教えてくれます。それは、すぐに終わるタスクであれば、**仕事を切り替えて処理してしまったほうがよい**、ということです。

Ａという車をつくっているとき、急にＢという車のオーダーが来たとします。このＢのオーダーをあと回しにするのではなく、Ａ用に設定していた機材を一度切り替え、Ｂを製造するというのがトヨタの工夫でした。注文の順番を入れ替えるより、切り替えを速く行ってオーダー通りに処理したほうが、より迅速《じんそく》に処理できるのです。

これは仕事にもあてはまります。あなたがある作業をしているときに、上司が「ちょっとコピーを取ってくれ」と頼んできたとします。気持ちとしては、今取りかかっている仕事に集中したい。でも実は、ここでさっとコピーを取ってしまったほうが効果的なのです。

もしコピーを取るというタスクをあと回しにした場合、その仕事を忘れないようにポスト・イットに記入して、ＴｏＤｏリストに保管するでしょう。しかし、ＴｏＤｏ

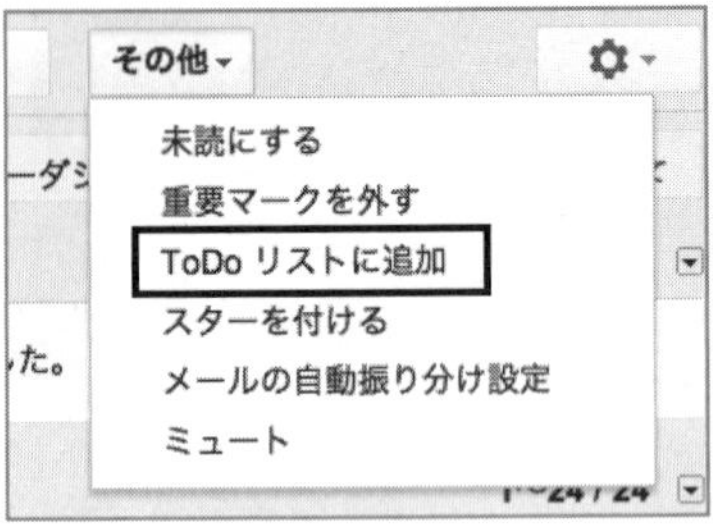


Gmail から簡単に ToDo を登録できる。

リストに加える手間や、ＴｏＤｏが増えたことによる精神的な負担、「コピーを早くくれ」という上司からのプレッシャーなどを考えると、この判断はマイナスが多すぎます。

それよりも、**今やっている仕事を一度ストップさせて、二分で終わらせたほうがいい。**ＴｏＤｏがたまっていくストレスからも解放され、上司からの評価も高まります。

## TIME HACKS! 07 受け取ったメールをそのままＴｏＤｏに登録する

最近ではスマートフォンが普及し、ＴｏＤｏ管理も携帯電話で簡単にできるようになりました。「クラウド」と呼ばれるインターネット上のサーバで管理すれば、複数のパソコンやスマートフォンから、同じデータを確認することができます。

代表的なサービスに、**Remember The Milk**（http://www.rememberthemilk.com/）というものがあります。

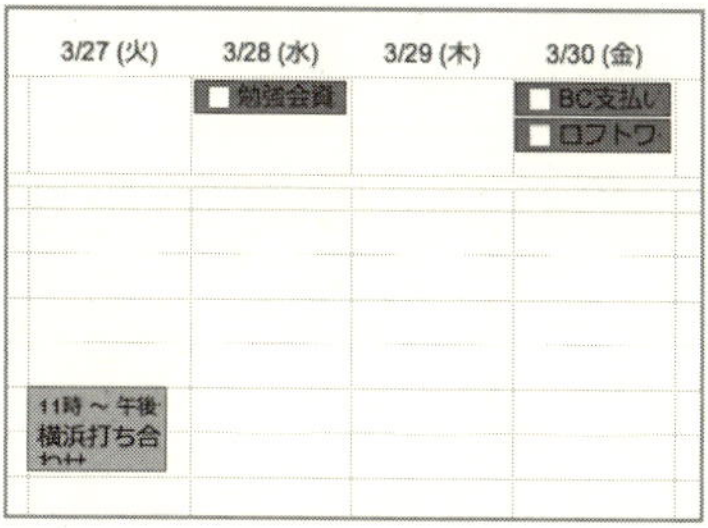


Google Calendarにも同期して表示されるので、見落とすことがない。

ブラウザからはもちろん、iPhoneやAndroid端末、iPadからもToDoを登録、チェックすることができます。期日やリピート設定、場所などを設定することもできます。

僕自身はというと、Gmail、Google Calendar に付随する **Google Tasks** を利用しています。ToDoが含まれるメールを受け取ったら、「その他」のメニューから「ToDoリストに追加」を選び、リストへ保存します。保存する際に期日も登録しておきます。

こうして登録したToDoは、Google Calendar にも同期し、カレンダーのタスク欄に表示されるようになります。タスク情報からもとのメールをたどることもできるので、ToDoの内容をいつでもチェックすることが可能です。

サードパーティのiPhoneアプリもいろいろ出ています。わたしは無料の **GoTasks** というアプリを使っていますが、機能は十分です。一点、リピート機能がないのは残念ですが、これはのちほど紹介するGoogle Calendarの機能で代用しています。

最近では、ほとんどのＴｏＤｏがメールでやってきます。たとえ口頭でやりとりした内容であっても、改めてメールで受け取ることも多い。そのため、このGoogle Tasksのようにメール連動のＴｏＤｏ管理が非常に便利なのです。

TIME HACKS! 08

## ＴｏＤｏリストは複数持つ

ＴｏＤｏを管理していて、スケジュール管理との大きな違いを発見しました。

スケジュール帳の管理で頭を悩ませるのが、情報を一ヵ所に集めなければならない、という問題です。持っているスケジュール帳に予定の九九％が書き込まれていても、残りの一％が違う場所にメモされていたら、もうダメ。ダブルブッキングの恐怖が頭を離れません。なので、**スケジュール管理については、どんなことがあっても記録する原本はひとつ**にしておかなければなりません。スケジュールに関するメモをいろいろなところに書き散らしておくなんてことは、御《ご》法度《はっと》なのです（注４）。

ところが、ＴｏＤｏに関しては、それほど神経質になる必要はありません。

スケジュールに関する情報
＝1ヵ所に集める

**「ワンポケット原則」**

ToDoに関する情報
＝複数の場所に重複させながら

**分散させる**（冗長性を持たせる）

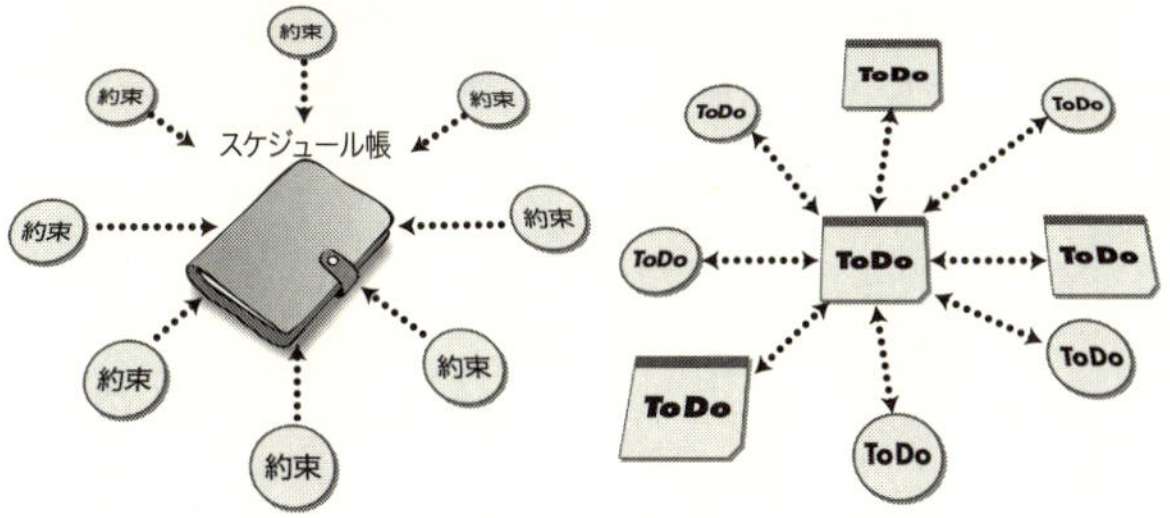


たとえば、僕はクラウドのＴｏＤｏ管理と手書きのＴｏＤｏメモの両方を活用していますが、そのふたつの情報を比較すると、一部は重なっていたり、一部は片方にしかなかったりと、いい加減です。しかし、それでもとくに問題は起こらない。なぜなら、**ＴｏＤｏにはダブルブッキングがない**からなんです。

いやむしろ、**ＴｏＤｏリストは複数持っているほうがいい**。場面場面に合わせて、いろいろなＴｏＤｏリストを使い分けるくらいがいいようなのです。

これを発見したとき、心の中の霧がすーっと晴れた気がしました。それまで、「どこでも効果のあ

**NOTE**

注4　野《の》口《ぐち》悠《ゆ》紀《き》雄《お》氏はこれを、ファイル管理の基本ルールとして、「ワンポケット原則」と呼んだ。情報が一ヵ所に「必ず」集まっているということが、僕たちを安心させる。

る万能のＴｏＤｏリスト」を探していたのですが、そんなものはどこにもないんですね。**ＴＰＯに合わせて使い分ければいい**のです。

たとえば、もっとも定番なＴｏＤｏである「戸締まり用心」という貼り紙。これはやっぱり、玄関や出入り口に貼っておくべきＴｏＤｏです。これを携帯電話に入れていても、手帳に書いていてもまったく意味がありません。

実際のビジネスの現場にあてはめるなら、たとえば、パソコンを使ってしなければならないＴｏＤｏはパソコンの中に記録しておいたほうがいいし、外出先でやらなければならないことは手帳やスマートフォンに記録しておいたほうがいいわけです。

それぞれの場面に合わせてＴｏＤｏをメモしていくと、その一部は定番化していきます。その最たる例が、先に挙げた「戸締まり用心」。

電気は消したか、ガスは止めたか、という定番ＴｏＤｏは、ビジネスにも持ち込めます。たとえばパソコンを立ち上げたら未読のメールをチェックする、本屋さんに

**NOTE**

注5　ある一定のパフォーマンスを約束する手順を、「ルーチン」と呼び、「げんかつぎ」と区別していると、元シアトル・マリナーズの長《は》谷《せ》川《がわ》滋《しげ》利《とし》さんはいう。根拠がなければ、ただのげんかつぎだが、根拠があり、いい結果を生む手順はルーチンである。この場合、ＴｏＤｏはルーチンなのである（長谷川滋利著『チャンスに勝つピンチで負けない自分管理術』幻冬舎）。

行ったら必ずビジネス書の新刊をチェックする、電車に乗ったらニュースサイトの記事をチェックする……。

こうしたことを無意識のうちにできるくらいまでルーチン化していくことで、パフォーマンスが高まっていくはずです（注5）。

TIME HACKS! 09

## リマインダーを活用して行動をコントロールする

iPhoneのiOS5から、あらかじめ**「リマインダー」**というアプリがインストールされるようになりました。先ほども書いたように、普段はGoogle Tasksというサービスを利用しているので、このリマインダーはいわゆるタスク管理ツールとしては利用していません。

しかし、このリマインダーアプリは、Google Tasksではできない繰り返し設定などの機能がついているので、僕は**「行動矯正《きょうせい》ツール」**として使っています。

たとえば、午前一一時五五分になると、「昼食を食べすぎないように」というリマインドメッセージが表示されるよう設定しておきます。まさに昼食に行こうとするそのとき、このメッセージを受け取ると、「午後からの仕事もあるし、昼は軽めにして

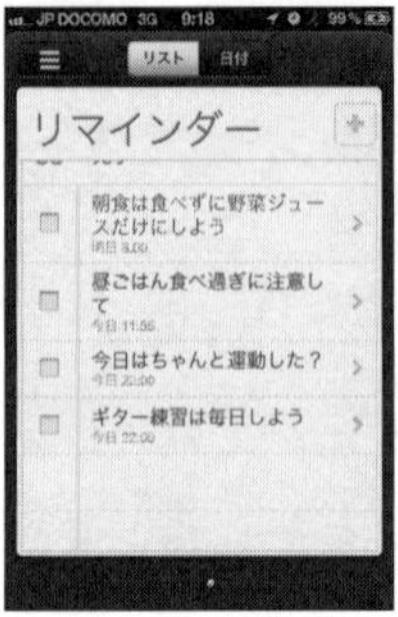


リマインダーアプリを行動矯正ツールとして使うという裏技も。

おこう」という気持ちになります。

ほかにも、朝は持ち物をリストアップしたメッセージを表示したり、夜には、今日の一日を振り返るように促《うなが》すメッセージを流したりするのもいいでしょう。

ブログを日課にしている人は、「ブログは書きましたか？」というメッセージを表示しても効果的です。

ほかにも、**場所にひもづけたリマインドの設定も可能**です。あらかじめ連絡先として登録した住所に、「出発時」もしくは「到着時」にメッセージを流すことができるのです。

たとえば、会社帰りに買い物をしていこうと思っている場合、会社を「出発時」に買い物メッセージを流し、行きつけの本屋さんの「到着時」には、気になっている本のリストが表示される、といった設定ができるのです。

こうしたメッセージは、必ずしもタスクである必要はありません。自分を元気づけようとするなら、家を出発するときに「がんばっていこう！」とか、会社を出るときに「お疲れ様でした！」というメッセージを表示してもいいでしょう。

そうしたメッセージは自分が設定したものですが、時間が経つとそのことを忘れてしまいます。すると、そのメッセージがまるで、自分のライフスタイルを知り尽くした優秀な秘書からのコメントのように感じられてくるでしょう。

TIME HACKS! 10

## 給料日に現金を下ろさない

こうしたＴｏＤｏによる行動コントロールで、もうひとつおすすめなのが、毎月発生するＴｏＤｏの繰り返し設定です。

たとえばクレジットカードの引き落とし日の前日に、「残高確認する」というＴｏＤｏを登録しておき、毎月リマインドすることで、残高不足で引き落としできないという事態を防止することができます。

銀行からの現金引き出しも同様です。給料日になると長蛇《ちょうだ》の列ができる銀行ＡＴＭですが、給料日の前日であれば並ぶことなく現金を引き出せます。たった一日の違いで、無駄な時間を減らすことができます。毎月二四日には、「お財布の中に現金が十分にあるか確認」というメッセージを表示するよう設定しておきましょう。

不合理な行動をしてしまったときに、このようにリマインダーを設定することで、再び同じ過《あやま》ちを繰り返さないようにする。ToDoリストには、こうした使い方もあります。

前述したように、スケジュール帳と違って、ToDoリストは複数あっても構いません。**Google Tasksと、手帳と、リマインダーという三つのリストがあってもまったく問題がない**というのは、ToDoならではです。

## TIME HACKS! 11 運動したあとにビールを飲む

ToDoリストをつくってみても、結局やり残してしまう……なんて人も多いと思います。とくに、やりたくないいやなことだと、どうしてもあと回しにしてしまいます。いやなことを先にやるための簡単な方法がないだろうか？　というのが、このハックです。

もともと、やりたくないことを単独でやろうとするから、どうしてもやりたくなく

## 習慣化の方程式

**運動 ＋ ビール ＝ 楽しいToDo ⟶ 習慣化**

なります。人間の脳は正直で、快感につながることについては積極的に働きますが、そうでない場合、ブレーキがかかってしまうのです。

逆にいえば、いやなことも快感にしてしまえば積極的に取り組める。**やりたくないことを片づけるには、この快感原則に従ってやるといい**。つまり、やりたいこと、快感になることとセットにしてしまうのです。

たとえば、ジムに通うことについて、どうしても気が進まないとしたら、そのあとにビールを飲むことをセットにします。せっかく運動したあとにビールを飲んでしまっては元も子もないじゃないか、という気もしますが、それでも運動しないよりはましですよね。おいしいビールのために運動する。ご褒美《ほうび》をセットにしてやるんです。これでとたんに前向きになる。脳には、そういう単純なところがあります（注6）。

このときに、ご褒美はできるだけ楽しんでしまいましょう。ビールの例でいえば、ビールの、とくにひとくちめをとことん楽しんで飲む。これで、ジム通いをずっと習慣化しやすくなります。

そもそもまじめな人ほど、「正しいこと」をやろうとする。運動をすることは正しいからということで、やろうとする。でも、人は正しいからという理由だけではなかなか行動できないものなんです。**正しいことではなく楽しいことを。**いわばちょいワルＴｏＤｏ。達成されやすいＴｏＤｏをつくるためのポイントです。

## TIME HACKS! 12 「やらないことリスト」をつくる

芸術家の岡本太郎《おかもとたろう》さんは、「人生は積み重ねだと誰でも思っているようだ。ぼくは逆に、積み減らすべきだと思う」と、著書『自分の中に毒を持て』（青春出版社）の中で述べています。この言葉は非常に示唆に富んでいます。無駄なものがどんどんくっついている中で、そうしたものを減らしていく必要がある。

こと、習慣に関していえば、新しい習慣をつくりあげていくよりもむしろ、悪い習

**NOTE**

注6　習慣化は、ドーパミンと関連している。ドーパミンは行動の動機づけを行うため、ドーパミンが出るようなことは、習慣化しやすいのだ。たとえば、なぜたばこが習慣化するかというと、ニコチンがドーパミンを誘発することが一因だといわれており、また、パチンコのフィーバーがドーパミンを誘発するので、パチンコに行くことが習慣になってしまうのである。

慣を捨てるほうが難しい。長いつき合いだったものはとくに。そこでスパッと捨てきれるかどうかが重要です。

そこで、ＴｏＤｏとは逆の発想で、**「Ｎｏｔ ＴｏＤｏ」をリストアップすること**をおすすめします。これだけはやってはいけない。そういうリストをＴｏＤｏと合わせてつくっておくと、習慣化したいＴｏＤｏがあるときには効果的です。「○○を習慣化したい！」という思いの裏にはたいてい、「××しちゃいけないのに、ついついやってしまう……」という悪い習慣が表裏一体になっていたりするものですから。

ビジネスの世界では、これを**Unlearning（脱学習）**ともいいます。昔の成功体験をいかにして「忘れる」か。新しい創造のための破壊です。これを個人レベルでは、やってはいけないリスト、「Ｎｏｔ ＴｏＤｏリスト」にするわけです。ただ、このリストをデスクの前に貼っておくとちょっと恥ずかしいので、こっそり手帳に書いておくといいでしょう。

僕は、「悪口はいわない」「自分がやるべきでない仕事は（たとえ報酬が高くても）やらない」「健康に害を及ぼすこと、命の危険のあることは可能な限りやらない」「コミュニティにプラスにならないことはやらない」といった基本的なスタンスにかかわる部分や、「朝食を食べない」「ゲームをしない」「賭け事をしない」といったライフスタイル的なところにも、Ｎｏｔ　ＴｏＤｏリストを導入しています。

こうしたＮｏｔ　ＴｏＤｏリストは、商品や企業のブランドづくりでも同じです。ブランドを確立するためには、「これをやろう！」というリストをつくることも大切なのですが、むしろ、「これだけは絶対にやりません！」というリストをつくったほうが、ブランドとしてしっかりとしたアイデンティティを確立できるということがあります。

たとえば、先にあげた「人の悪口をいわない」という「やらないリスト」は、確かに悪い習慣を断ち切るということもありますが、信頼できる人間としての信用、品格、つまり**パーソナルブランディングにもつながっていく**わけです。

ほかにも、モーセの十戒《じっかい》のように、宗教的な戒律《かいりつ》もまた、Ｎｏｔ　ＴｏＤｏリストです。コミュニティを維持したり、価値観を共有したりするときには、「〇〇をしなさい」というよりも、「〇〇はしてはいけない」といったほうが、より効果を発揮《はっき》するのです。

## 電通鬼十則

1. 仕事は自ら「創る」可きで与えられる可きでない
2. 仕事とは先手先手と「働き掛け」て行くことで受け身でやるものではない
3. 「大きな仕事」と取り組め　小さな仕事は己れを小さくする
4. 「難しい仕事」を狙え　そして之を成し遂げる所に進歩がある
5. 取り組んだら「放すな」　殺されても放すな　目的完遂までは
6. 周囲を「引き摺り廻せ」　引き摺るのと引き摺られるのとでは永い間に天地のひらきが出来る
7. 「計画」を持て　長期の計画を持って居れば忍耐と工夫とそして正しい努力と希望が生れる
8. 「自信」を持て　自信がないから君の仕事には迫力も粘りもそして厚みすらがない
9. 頭は常に「全廻転」　八方に気を配って一分の隙もあってはならぬ　サービスとはそのようなものだ
10. 「摩擦を怖れるな」　摩擦は進歩の母　積極の肥料だ　でないと君は卑屈未練になる

（植田《うえだ》正也《まさや》著『電通「鬼十則」――広告の鬼　吉田《よしだ》秀雄《ひでお》からのメッセージ』PHP文庫）

※広告に携わる人であれば誰もが知っている電通鬼十則。
「すべきこと」と「すべきでないこと」がうまくブレンドされている。

TIME HACKS! 13

# 中長期の目標は習慣化で達成する

ひとつの楽器に習熟する基準となる時間数は四〇〇〇時間、英語の習熟には三〇〇〇〜四〇〇〇時間、中小企業診断士を取るには一〇〇〇時間の勉強が必要といわれます。アメリカのベストセラー作家でもあるコラムニスト、マルコム・グラッドウェルは著書『天才!』(講談社)の中で、天才が誕生するためには一万時間の積み上げが必要だ、と主張しています。

こうした時間を積み上げるには、単なるスケジュール管理のレベルを超えて、**行動を習慣化していく**必要があります。

あるピアニストは、「朝起きるとまず、ピアノの前に座る」とテレビで話していました。朝食よりもまずピアノを弾《ひ》くということが、習慣として身にしみついているようでした。それくらい徹底して時間を積み上げていくことではじめて、すばらしい技術が身につくわけです。

イチローは、「小さいことを積み重ねるのが、とんでもないところへ行くただひとつの道」というふうに表現しています。**「習慣は第二の天性」**という言葉があるくら

**1日3時間を3年続けると、本物になる**

小さなToDoの積み重ねがスキル習得の王道

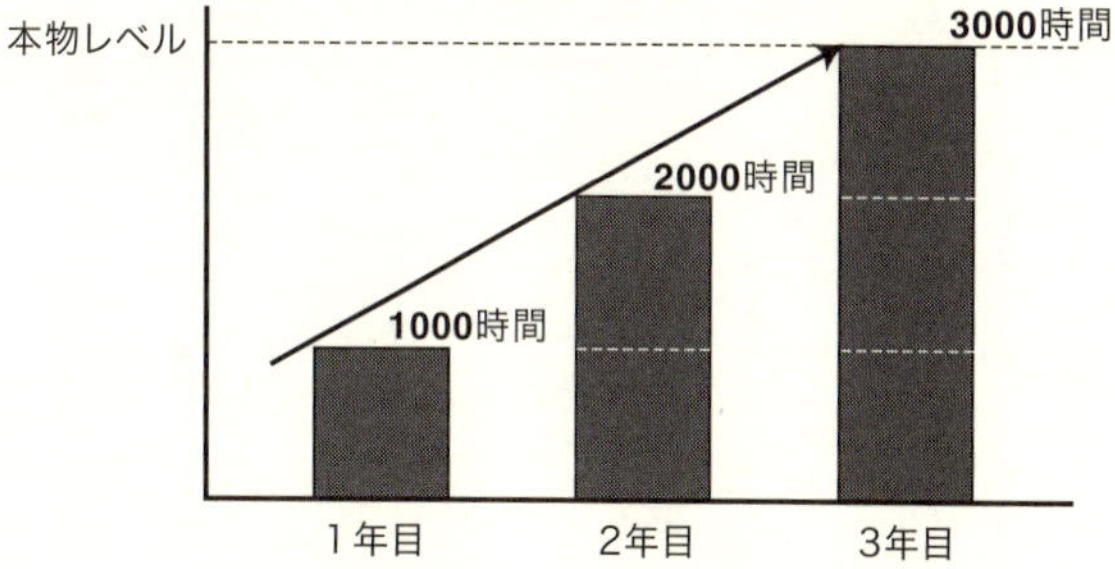


い、何かを習慣化することは重要なのです。

　ところが、とくに社会人になると、このように時間のかかるものはどうしてもプライオリティが下がってしまいます。ついつい、緊急度の高いものをこなしていくだけで一日が終わってしまう。「英語をやろう！」と思っていても、緊急度が低いので、ついついあと回しになってしまいます。

　こうした状況を打開するためには、どうすればいいのでしょう？　こうした中長期の努力を続けていくには、どうすればいいのでしょう？　そもそも、なぜ継続できないのでしょう？

　逆説的な話なのですが、長い間、継続しようと思っているから続かないのです。

「継続する」ということはつまり、長期間やることが前提となります。そうすると、ついつい「まあ今日くらいは……」と甘えが出てしまいます。一ヵ月のうちの一日だから、とか、一年のうちの一日だけだからと思うと、人は当然、誘惑に負けてしまう。長期間継続しようとすればするほど、かえって続けられなくなるのです。

だから、**「毎日やる」ほうが、「三日に一回やる」よりも、かえって長続きする**のです。

ここはぜひ、「今日だけのことなんだ！」と思い込むことが必要です。「今日、ジムに行かなければならない」と思えば、明日に延期したりはしないはずです。今日やるべきことを、ちゃんと今日やる。これが生活のリズムをつくり、結果的に「習慣」となっていくわけです。

TIME HACKS! 14

## 積み上げた成果をフィードバックする

繰り返しToDoを継続して「習慣」としていくには、もうひとつ重要なポイントがあります。それが**「フィードバック」**です。具体的には結果を見て自分をほめることが、継続していく大きなモチベーションとなります。

僕はオムロンの活動量計を身につけ、毎日、歩数を計測しています。すると、自然

**月ごとに成果を確認する**

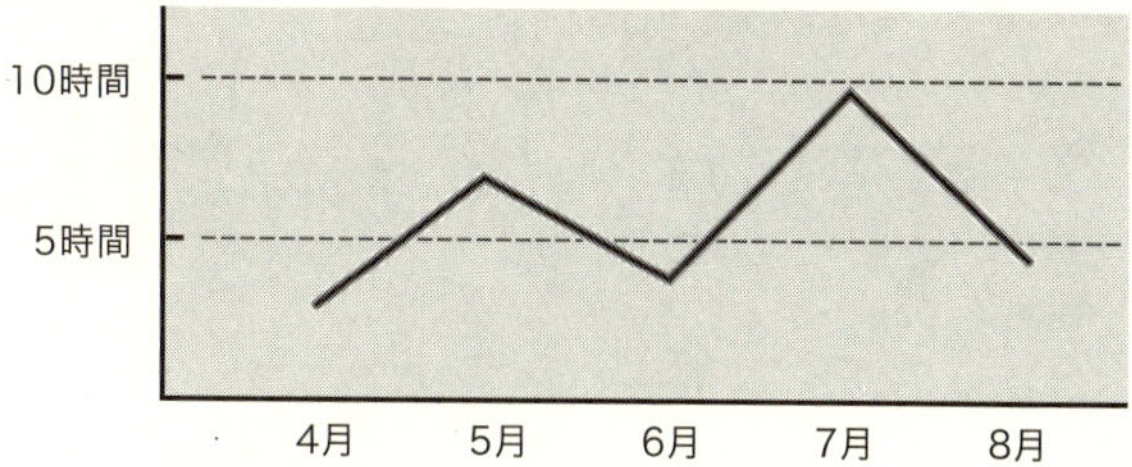


に「もっと歩こう」という気持ちになるから不思議です。

たとえば、一日の終わりに歩数をチェックして、六七○○歩だったとします。その場合、迷わず一駅手前で降りて自宅まで歩きます。そうすれば、一日の目標である八○○○歩をちょうど達成できることを知っているからです。ちなみに二駅手前であれば、それだけで二七○○歩歩くことになります。

仕事の移動でも、昔は遠くまで歩くのが嫌でしたが、歩数が稼《かせ》げるということもあって、最近は「駅から遠くてありがたい」と思うほどに。時間があるときは、オフィスのある外苑《がいえん》前駅から渋谷駅まで、約二キロの距離を歩いたりもします。

こうして達成したことを数字として認識するだけで、人はやりがいを見出します。歩数だけでなく、ランニングなどでも、「一ヵ月一〇〇キロ」の目標を立て、取り組んでいます。そうすると、「次の月はもっと」という意識も働きますし、もしその月が少なければ「次の月で取り返そう」という気持ちになります。フィードバックを働かせていけば、自然と数字は積み上がっていき、自然と「習慣」として身についていくのです。

このようにフィードバックできる数字は、距離や歩数だけではありません。読書を目標にするのであれば、読んだ本の数、勉強であれば、終わったテキストのページ数などで記録してもOKです。楽器の練習であれば、時間数を記録しておくといいでしょう。毎日、進んでいる感覚が得られるような数字が一番です。

TIME HACKS! 15

## 一瞬と一生

「注意一秒、けが一生」という標語がありますが、ToDoも同じように、一瞬一瞬を生きていきながら人生を変えていくパワーがあります。このことを考えるとき、禅《ぜん》で使われるこんなストーリーを思い出します。

あるとき、老師と弟子が旅に出ます。歩いていると、大荷物を背負《せお》って坂道を行く老人と遭遇《そうぐう》します。弟子は老師に断りを入れて、その老人を手伝い、坂を越えたところで、また老師のお供を再開しました。

その後、しばらくして老師は弟子をクビにしてしまいます。一瞬でも、自分の持ち場を離れたことは、自分の行っていることがその程度のものだと軽く捉《とら》えた結果だと、老師は考えたわけです（注7）。

老師について歩いていくこと自体は、たいした仕事ではありません。それよりも、老人を手伝うほうが大切なことのように見えます。しかし、そうやって**一瞬一瞬を軽んじていると、その積み上げである一生を棒に振ってしまう**のです。そういうことを老師は戒《いまし》めたのでしょう。

結局これは、時間のフローしていく性質によるものなのです。一瞬一瞬に集中できなければ、何も成《な》し遂《と》げることはできない。そして、これを精神論ではなく、生活の中の習慣として行っていくところに、この「ＴｏＤｏハック」のポイントがあります。

そして、この一瞬を大切にする考え方は、次の「スケジュールハック」にもつながっていきます。

NOTE

注7　これは、玄侑宗久《げんゆうそうきゅう》著『禅的生活』（ちくま新書）に出てくる。このほかにも、多くの示唆を得られる好著。

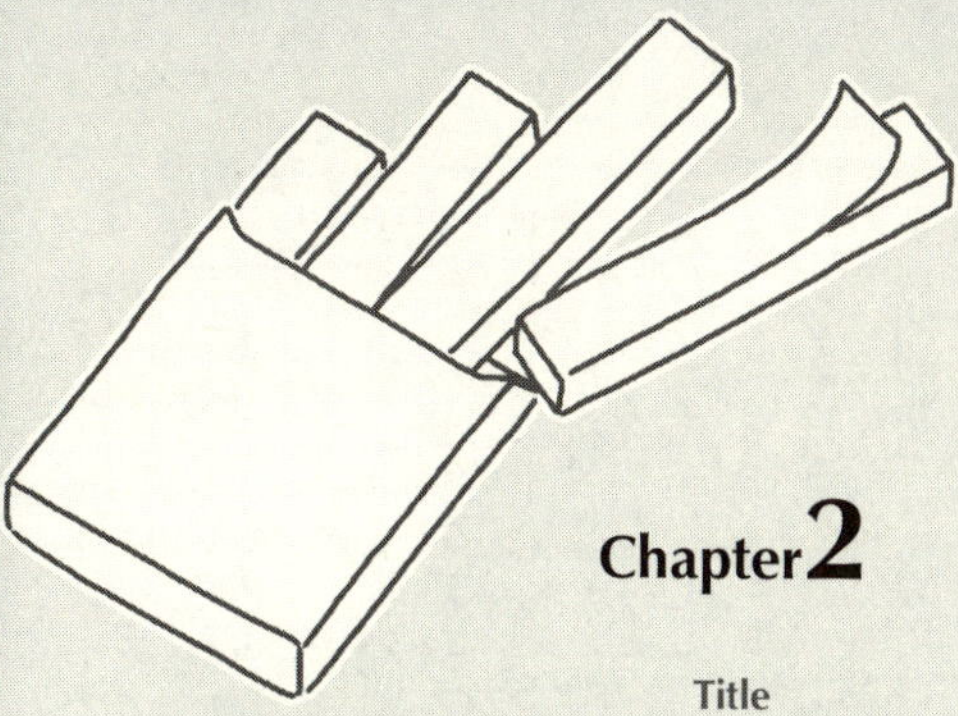

# Chapter 2

Title

# スケジュールハック

Sub Title

## リズムとメロディ

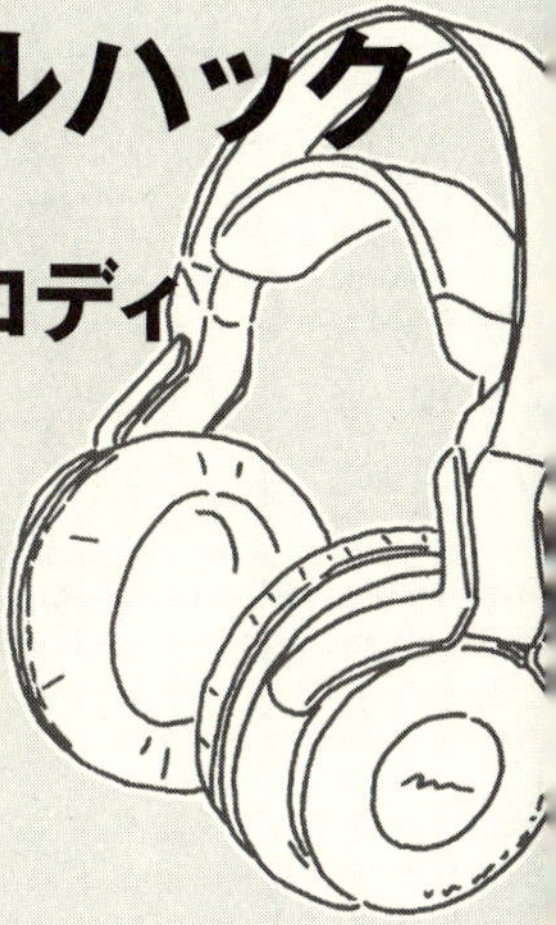

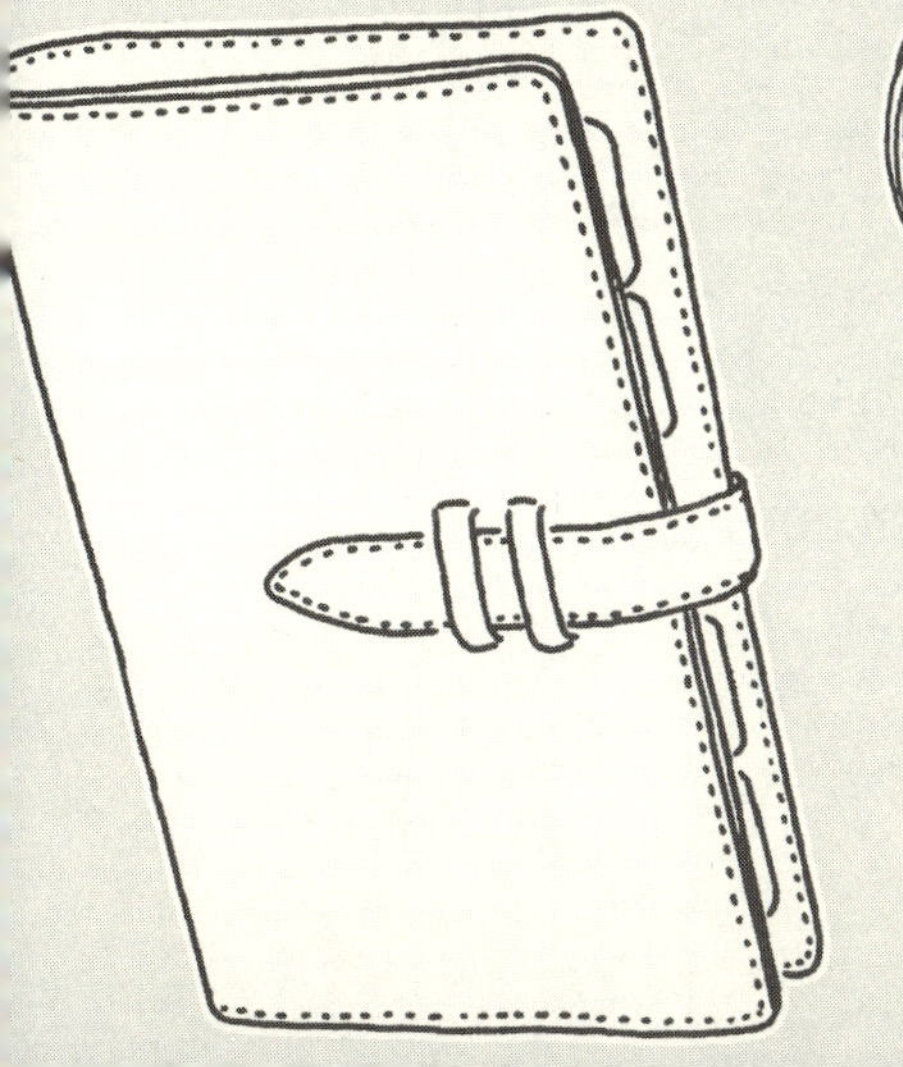

## TIME HACKS! 16 細かいスケジュールは忘れる

よくスケジュールを暗記しようとしている人がいますが、**スケジュールは「記憶」するものではありません。**かわりに、**しっかり「記録」しておく**べきものです。

ひとつは、記憶に頼ると「うっかり」が起こってしまいます。スケジュールを忘れて失う信用は、なかなか取り返すことができません。僕も新人時代には、さんざん注意されました。

また、スケジュールを記憶しようとしておくと、それだけ脳の短期記憶領域を使ってしまって、脳のパフォーマンスが悪くなってしまうこともデメリットのひとつです。短期記憶はすぐにいっぱいになってしまいます。それをスケジュールの記憶に使ってしまうのはもったいない。

「今を生きる」という言葉があります。人は過去でもなく、未来でもなく、今この瞬間を生きている、という言葉は、時間の特性をよく捉えています。優れた結果を出そうとすればするほど、今、この瞬間に集中しなければなりません。

集中すべきときに、過去のことを思い出してクヨクヨしてもしようがないですし、将来に先送りしても何も解決しません。あと先のことを考えずに、今、ここで結果を出す。それが、「今を生きる」という言葉に表現されています。

それにしても、この今に集中するというのは、いうのは簡単ですが、実行はなかなか難しい。**今に集中するためには、過去と未来をすっかり忘れ去らなければならない。**そして、スケジュール管理によって「忘れる」べきものは、実はこの過去と未来であり、スケジュール管理によって今に集中できるようになる。ここにスケジュール管理のもっとも重要なポイントがあります。

だから、スケジュールを記憶しない。忘れるためにスケジュール帳を使って記録しておくわけです（注8）。

この章では、記憶に頼らず、記録するためのハックを紹介していきます。「一〇〇％記録されている！」という安心感によって、ストレスがなくなり、より濃密な時間をすごせるようになるハックです。

**NOTE**

注8　優秀な秘書を持っている社長も、きっと一瞬一瞬に集中できるのではないかと思う。「漠然とした不安」は、集中の大きな妨《さまた》げになってしまう。

TIME HACKS! 17

# スケジュールの記憶は「他力本願」

スケジュールを、モレなく確実に管理するためには、工夫が必要です。まず、**効率的なスケジュール管理には、パソコンが必須**です。というのも、スケジュールは常に変動しています。紙に書いて管理していると、ちょっとした変更がやりづらく、スケジュール変更に対して心理的な抵抗感が生まれてしまいます。

時間を有効利用するためには、頻繁《ひんぱん》なスケジュール変更が欠かせません。パソコンであれば、いくらでもスケジュール変更できます。しかし、紙でスケジュール変更しようとすると、消す手間がたいへんです。緻密《ちみつ》なスケジュール管理に紙の手帳はそぐわないのです。

さらに、パソコンでのスケジュール管理がいいのは、**表示の形式を選べる**ことです。スケジュールを一週間で表示するか、一ヵ月で表示するか、それぞれ意味合いや用途が変わってきます。

もしパソコンで管理しない場合、いちいち、スケジュールをそれぞれのページに書き写していかなくてはならなくなります。さらに、せっかく転記しても、そのあとで

## Google Calendar

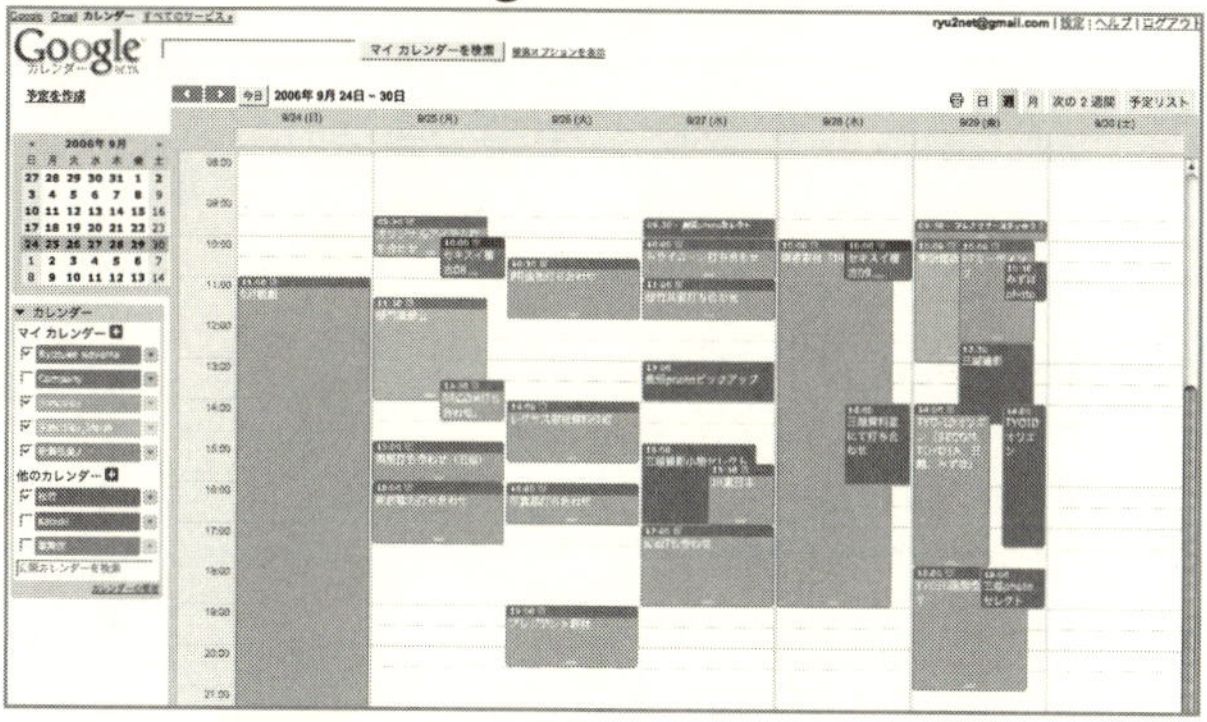


http://www.google.com/calendar/

スケジュールの変更が発生したら、二度手間、三度手間が発生してしまいます。

パソコンによるスケジュール管理ですが、Google Calendar などのクラウドサービスに記録することをおすすめします。スケジュールのデータはクラウドと呼ばれるサーバ上に保存されるので、外出先のパソコンはもちろん、スマートフォンや携帯電話など、どんなデバイスからも確認することができます。

さらに、**アラームを設定しておけば、指定したスケジュールが携帯電話にメールで届く**ようにもできます。僕の場合、三〇分前にメールが来るようになっており、パーソナル秘書の役割を果たしてくれています。

TIME HACKS! 18

## Google Calendar でスケジュールを共有する

Google Calendar を使うもうひとつの理由は、**あなたのスケジュールを他人へと「見える化」できる点**です。

同じ職場で長い時間を共有していても、同僚や部下が何をやっているのか、ふとわからなくなることがあります。企画を考えているあなたの姿は、他人から見るとぼんやり妄想《もうそう》している姿と、ほとんど差がありません。

ずっとパソコンの前に座っているのを、ネットで遊んでいると誤解されないようにするためにも、スケジュールを公開しておくといいでしょう。こうなると、スケジュール帳は**単なる備忘録ではなく、もはや業務連絡書**です。

Google Calendar を使えば、大人数のスケジュール調整も容易になります。スケジュールを共有しておけば、誰がいつ空いているのか、いつ忙《いそが》しいのか、いちいち聞かなくてもわかります。また、予定を作成する際に「ユーザーを追加」とすれば、自動的に予定の連絡が行われます。

## Google Calendar によるスケジュール共有

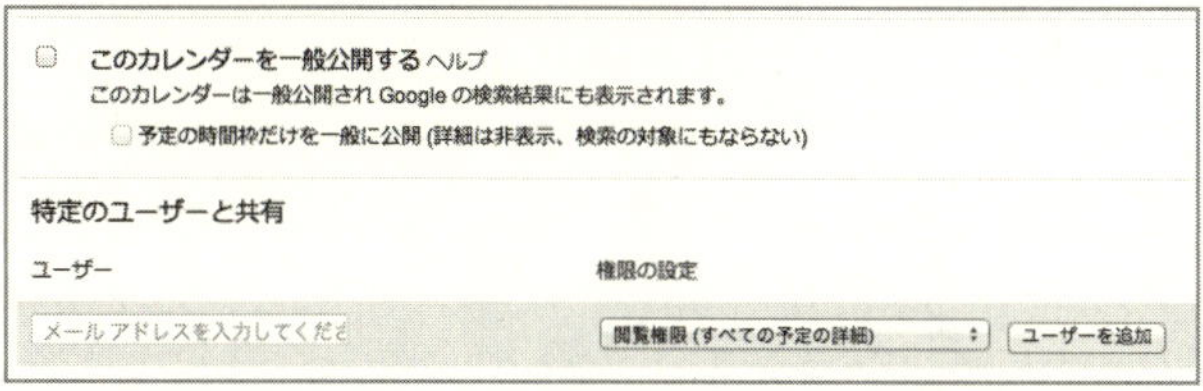


カレンダーの共有設定で、「ユーザーを追加」を選んで、共有するメンバーを加える。間違っても、「このカレンダーを一般公開する」を選ばないように！ 赤の他人にカレンダーを見られてしまう。

紙の手帳の場合、他人の手帳に書き込むなんて失礼なことはできませんが、Google Calendar であれば、代わりに書き込むことができるわけです。

### TIME HACKS! 19 見栄っ張り本能を利用してスケジュールを埋める

共有することのもうひとつの利点は、スケジュールを他人に見られてしまうので、積極的にスケジュールを埋《う》めていこうとするインセンティブが働くことです。

あまりにすかすかのスケジュール帳は、とても恥ずかしい。一日空白になっているスケジュールを公開していれば、他人から見れば単なる暇人です。

暇人に思われないためにも、人は、些細《ささい》なことでもしっかり記載しておこうとします。これにより、より精密なスケジュール記録ができることになります。

このようにして他人に公開することで、『IDEA HACKS!』でおすすめした、「一五分以上の作業をスケジュール帳に記入する」というハックの現実味も増してきます。他人への見栄《みえ》もあって、ちょっとした作業でもスケジュールに記入しておきたくなるからです。

「一五分以上の作業をスケジュール帳に記入する」というのは、普段スケジュール帳に記入しない書類作成や企画立案などについても、しっかりスケジュール帳に記入するというもの。その基準を「一五分」とするのです。

こうした作業は、スケジュール帳に載っていないがゆえに無視されてしまい、「隠れたスケジュール」となって積み重なります。そして、締め切り直前にあなたの時間を奪《うば》っていきます。

しかし、このように書類作成をひとつのＴｏＤｏとして記録するのではなく、作業に必要な時間をスケジュールに書き込んでおくことで、直前になって「時間がない！」とか「徹夜しなきゃ……」といった悲劇がなくなります。

一五分ほどのスケジュールを記入するのは面倒で、あと回しにしてしまいがちです。

でも、Google Calendar で共有することで、他人に暇人と思われたくないという「見栄っ張り」の本能を利用して、どんどん計画を立てていくことができます。「どうだ、すごいだろっ！」という自己アピールもできて、気持ちがいい。

このように**他人の目を意識することが、ものごとを習慣化できるかどうかのポイント**なのです。

## TIME HACKS! 20 プライベートの予定をオレンジにする

こうしてたくさんのスケジュールが埋まってくると、ごちゃごちゃして見づらくなる弊害も出てきます。多くの情報を視覚的に把握《はあく》するためには、**スケジュールをカテゴリーごとに色分けする**ことがポイントです。とくに、「オン」と「オフ」のスケジュールは、別の色で分けるといいでしょう。

たとえば仕事を青、プライベートをオレンジとして、寒色系、暖色系で見分けられるようにしておきます。勉強やトレーニングなどの時間をグリーンで加えるとさらにいいでしょう（色を多く使いすぎると直感的に把握できなくなるので、**三色くらいが**

## Google Calendar での色指定

カレンダーのカテゴリーごとに色を指定できる。

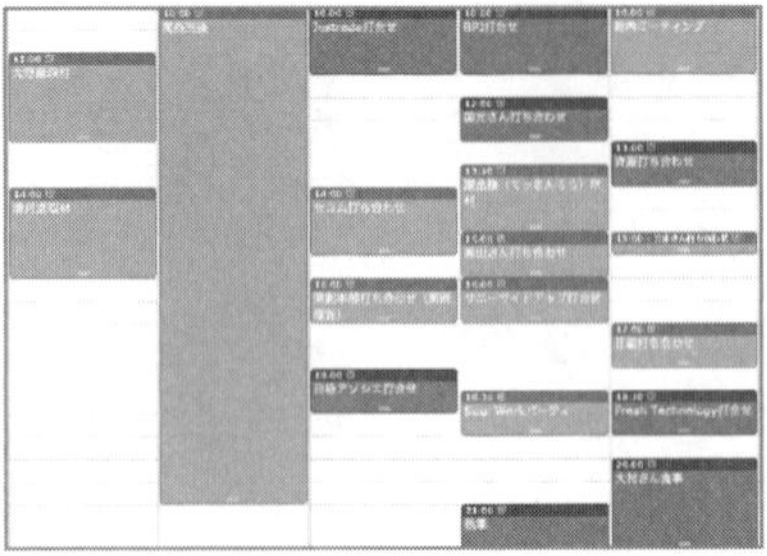

この週は、青が多く、オレンジが少ない。色情報が加わるだけでも、直感的にスケジュールを把握できる。

**ベスト**だと感じています）。

こうして一週間のスケジュールを見れば、どれだけ会社のために時間を使っているか、プライベートの時間が少ないかが一目瞭然《いちもくりょうぜん》です。

時間は目に見えないですし、色もつけられません。でも、本当は時間の「存在」を感じていますし、時間の「感触」もありますし、時間の「色」だって感じています（注9）。それを、スケジュール帳を使って目に見えるようにする。

すごくシンプルなことですが、これだけでも時間の使い方が全然変わってきます。時間を意識できるようになるのです。

**NOTE**

注9　時間が、人にある特定の質感を伴《ともな》う感覚、「クオリア」をもたらす。ビジネスにも生活にも、「クオリア」をどんどん持ち込むべき。

TIME HACKS! 21

## 一週間スケジュールで予定を組み立てる

スケジュールの基本は、一週間です。一週間のスケジュールを振り返ってみると、一週間のパターンが見えてきます。このパターンが、仕事の効率やストレスのないプロジェクト進行に大きくかかわってきます。

たとえば、「月曜日はこういう仕事が多いな」とか、「火曜日は少し時間が空く」とか、「金曜日になると締めくくりの業務が入るな」とか。そうした**一週間の流れ**を意識すると、より効率的なスケジュール管理ができるようになります。そして、その流れをもとにスケジュールをパターン化していきます。こうすることで、毎週同じようなパフォーマンスを発揮《はっき》することが可能になるのです。

仕事のできる人と話をしていると、独自のパターンをつくっている人がとても多い。たくさんの量の仕事をこなしていると、あるパターンが見えてくるらしいのです。

たとえば営業職であれば、「ここでここまで話がいけば、次はクロージングだな」とか、「まだこの段階だからひっくり返る可能性があるな」とか。そういうパターン

## 「型」を使った教育メソッド

型を巡って3つのステップで習得する方法

**守** → **破** → **離**

守：型をまねて、習得する。ここでは師の価値観を踏襲する。

破：自分で考えて、型と違うことをやってみる。疑問に対して、自分で答えを出そうと悪戦苦闘する。

離：無意識にやっていても自然と型を踏襲している。名人の域。

を意識して仕事に取り込んでいくことによって、仕事の無駄がなくなっていき、スムーズにものごとを進めていくことができるわけです。

　パターンを決めることの利点は、**それを繰り返すことによって熟練していく、洗練化のプロセスに入る**ということです。ある料理長（注10）と話をしたときに痛感したのは、職人さんの世界ではこうしたパターン（型）が確固としてあるということ。学ぼうとする人は、その型を何度も何度も繰り返し練習して熟練していく、しっかりとした教育メソッドがあるのです。

　ビジネスの世界では、教育メソッドとしての型が、それほど明快でないケースが多い。この道三

NOTE

注10　「ぎんざ有季《ゆき》銚《ちょう》」の総料理長石井健康さん。仕事で一番うれしい瞬間は、お客さんが帰るときに目で「今日もよかったよ」と合図してくれる瞬間だとか。お客さんごとに、料理だけでなく使った器まで記録している。

○年という料理長が、今もその基本の型に立ち戻って基礎をおさらいするという話を聞くと、ビジネスの世界にもそういうものがあったら……と思うのです。

ビジネスの世界と料理の世界には、実は似ているところがあります。それは、時間が関連するということ。料理の世界では、季節に合わせてさまざまな料理を調理し、アレンジして出していくのが仕事です。時間の流れに合わせて、食材ではなく情報を扱っているのが、ビジネスなのです。

ここから、ビジネスパーソンが押さえるべき、一週間のパターンを見ていきたいと思います。

## TIME HACKS! 22 月曜日に人とは会わない

「今週は忙しかったな」と思う週と、「今週はそれほど忙しくは感じなかったな」と思う週があって、不思議に思っていました。仕事の量自体はそれほど変わらない。でも、忙しさ、ドタバタした感じが週によって違う。こうした**忙しさの感覚の違いの原因は、実は月曜日の使い方にあった**のです。

月曜日は一週間のスタートです。スタートダッシュが得意な人はいいのですが、仕事にもやっぱり段取りがあって、スタートから全速力で走ろうとすると、必ず息切れしてしまいます。

月曜日は、一週間を効率よく使っていくための「準備」にあてたほうがいい。とくに**月曜日の午前中にスケジュールが埋まっているか、いないか。これが一週間の「忙しさ」を決めてしまいます。**月曜日の午前中が空いていれば、余裕を持って仕事に臨《のぞ》むことができるのです。

具体的にいえば、月曜日の午前中にお客さんとの打ち合わせは入れない。これは鉄則です。

お客さんと打ち合わせするなら、当然、準備が必要になります。すると、金曜日中に準備を終えておく必要がありますが、ついつい忘れものが出てきます。すると、必然的に月曜日の朝早くに、ドタバタの中で準備することになってしまいます。

また、月曜日のアポイントを急にキャンセルしなければならなくなった場合、土日には連絡しづらいという点もデメリットです。

月曜日は、社外ではなく社内での会議を入れたほうが、よっぽど効率的です。進《しん》捗《ちょく》状況を共有するための部内のミーティングなど、情報共有に時間を優先させることも、チームとしての重要な段取りのひとつです。

料理のたとえでいえば、**開店前の仕込み時間として、月曜日の午前中を活用したほうがいい**のです。

## TIME HACKS! 23 水曜日はできるだけ人に会う

月曜日とは対照的に、水曜日は積極的に社外に打って出ると吉。週の前半に時間があるので、準備もバッチリです。仕事のスピードも上がって、調子が出てきたころなので、充実した打ち合わせができることが多いのです。

しかも、平日はまだ、木、金と二日間残っているので、ここで何か課題を出されても、すぐに対応することができます。これが金曜日だと、対応は翌週になり、後手《ごて》に回ることになります。

もし**大事な打ち合わせをやるのであれば、水曜日がベスト**です。

打ち合わせを特定の曜日に集中させていくと、別の効果も生まれてきます。それが、移動時間の節約です。

一度社外に打ち合わせに出てしまうと、会社に戻るのにも時間がかかります。単発で打ち合わせを入れて、そのつど会社に戻ってくるよりも、そのまま次の打ち合わせ先へ移動するほうが効率的。そこで、**水曜日に社外の打ち合わせを集中させることで、移動時間を節約することができる**のです。

こうした水曜日の使い方をすると、一週間にもメリハリが生まれてきます。月曜日と水曜日の自分を比べてみても、全然違う自分が見えてきます。

野球にたとえていえば、月曜日は守っていたと思ったら、水曜日にはバッターとして塁に出る感じです。攻守の切り替え、自分の役割（ロール）の切り替えをするわけです。曜日ごとにひとつのロールに集中する。**パターンを意識することは、ロールを意識することにつながり、それによって、仕事がよりシンプルになっていく**のです。

TIME HACKS! 24

## 金曜日の夜は飲まない

金曜日は振り返りの日であり、翌週を見通す日であり、段取りの日。だから、一週間の効率は、前の週の金曜日に決まってしまうといっても過言ではありません。次の週は、金曜日からスタートしているのです。

たとえば、一五分以上の作業をスケジュール帳に記入するようにおすすめしましたが、その**スケジュール記入を金曜日に集中的に行う**のです。スケジュール帳とにらめっこしながら、作業時間を配分していく。

一週間の最後の日だからこそ、その週にやり残したこともよくわかります。それを次週、どのあたりで処理するのか、スケジュールを見ながら予定を埋めていきます。

こうして**金曜日に段取りを組んでおけば、土日は心置きなく休みを満喫《まんきつ》することができるでしょう**。逆にいえば、こうした段取りをしていないと、休みの間も「月曜日から大丈夫だろうか」という不安に苛《さいな》まれ、目一杯遊ぶことができなくなってしまいます。

そもそも、「忙しさを感じない状態」とは何を意味するのでしょうか？　これは、「時間があり余っている」ということではありません。時間がよどみなく、スムーズに流れているということを意味しています。

金曜日は、次の週がよどみなく流れるようにするための調整の日であり、それによって忙しさを感じない生活が実現するのです。

## TIME HACKS! 25 スケジュールの型を「繰り返し設定」にする

以上、見てきたように、スケジュールに型を持たせることによって、毎週の仕事をうまく回していくことができるようになります。

ただ、意識していてもついつい、こうした型を忘れて別のスケジュールを入れてしまうことがあります。スケジュールの型を間違いなく実践するためにも、ちょっとした工夫が必要です。

そのひとつが、**繰り返しのスケジュールとしてGoogle Calendarにあらかじめ入力してしまう**というもの。たとえば、水曜日午後は「クライアント打ち合わせ」、月曜日の午前中と金曜日の夕方であれば「業務準備」などのスケジュールを入れて、繰り返し設定にしておく。そうすると、ほかの作業をなるべくここに入れないようにしようという心理が働き、型通り進みます。

こうすると、先の週を見ても、しっかりスケジュールの型ができていて気持ちがいい。まるでテレビの番組表を見ているようで、毎週特定の時間に起こる出来事が、ちゃんと予測できる。

もっとも理想的なスケジュール

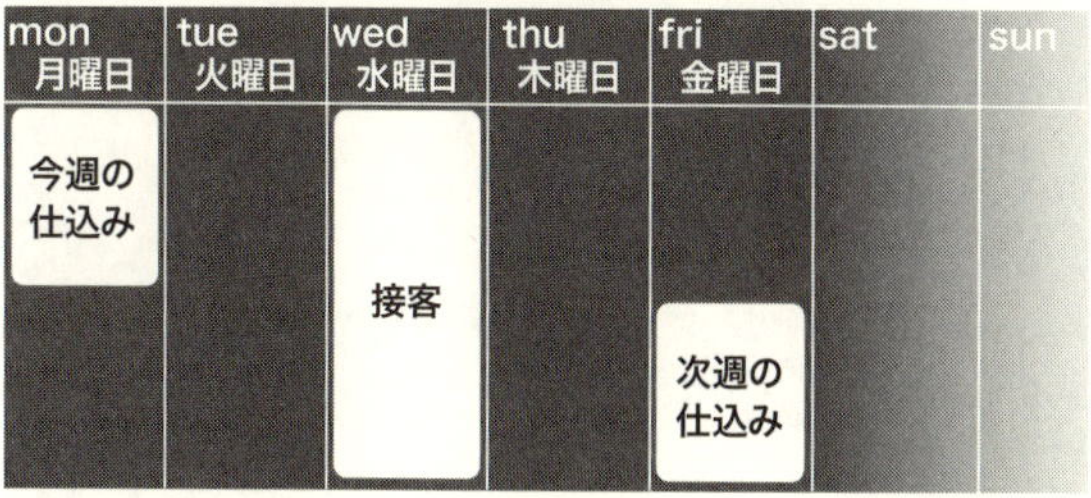


もちろん、たまには事件が起こって「特番」が入ったり、プロジェクトによっては「スペシャル放送」もあるかもしれませんが、それによって移動しなければならない作業の範囲も予測が可能です。

こうしたパターンを構築することによって、生活にリズムが出てきますし、なにより、パターンを自分で設計することになる。その点が、以前とはまったく違ってきます。今まで意識しないですごしてきた一週間の流れを意識できるようになり、そこにさまざまな工夫が加わっていきます。

これは、たとえていうなら、イチローがバッティングフォームをつくりあげていくプロセスと同じですし、プロゴルファーがスウィングを見直していくプロセスと同じもの。自分のパターンを見つけ出し、それをブラッシュアップしていくことに変わりありません。

**プロスポーツ選手が体の使い方のプロであるなら、ビ**

小山の仕事パターン

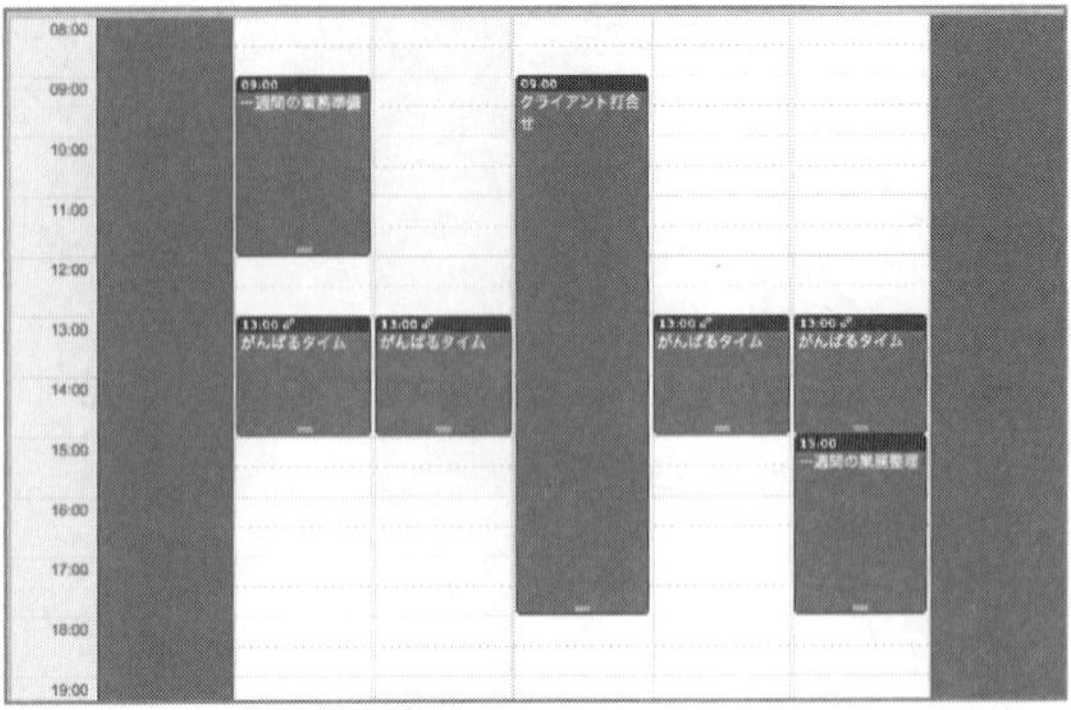


**ジネスパーソンは時間の使い方のプロになるべき**なのです。これは「型と創造性」というテーマにもつながっていきます（注11）。

NOTE
注11　日本の伝統芸能は型を重視しながら、そこからさまざまな発展を遂《と》げていった。それは、創造性を制限するのではなく、むしろ刺激するような見事な型があったからにほかならない。

TIME HACKS! 26

## アポは二週間の単位で調整する

一週間の流れを把握することも大切なのですが、もうひとつ重要なことは、**今週の終わりと、次週の始まりの「つながり」を意識すること**です。そこで必要となるのが、二週間単位でのスケジュール管理です。

というのも、社外の人も巻き込んだ仕事の場合、**二週間を基準にスケジュールが組まれる場合が多い**からです。

たとえば、ある人に会うときに、アポはたいてい、今週よりも、まだスケジュールの空いている翌週に入ることが多い。そうなると、今週だけを見るのではなく、来週も含めた二週間を見通しておく必要があるわけです。

こうしたアポも含め、今週と来週を見比べながらスケジュールを調整すれば、バランスの取れたスケジュールを組んでいくことができます。ポイントは、前に挙げた月水金。翌週の月水金が、ちゃんと自分のパターンになっているかをチェックしながら調整するといいでしょう。

## TIME HACKS! 27 作業時間を記録する「Toggl」

こうしてリズムのある一週間をすごしてみて、実際にどのような時間の使い方をしたのか振り返るツールが、**「Toggl（トグル）」**です。作業時間を記録していくツールで、あらかじめプロジェクトを登録しておけば、それにどのくらいの時間をかけたのか、あとから振り返ることができます。

使い方は簡単。作業を始めるときにスタートボタンをクリックし、終わったときに

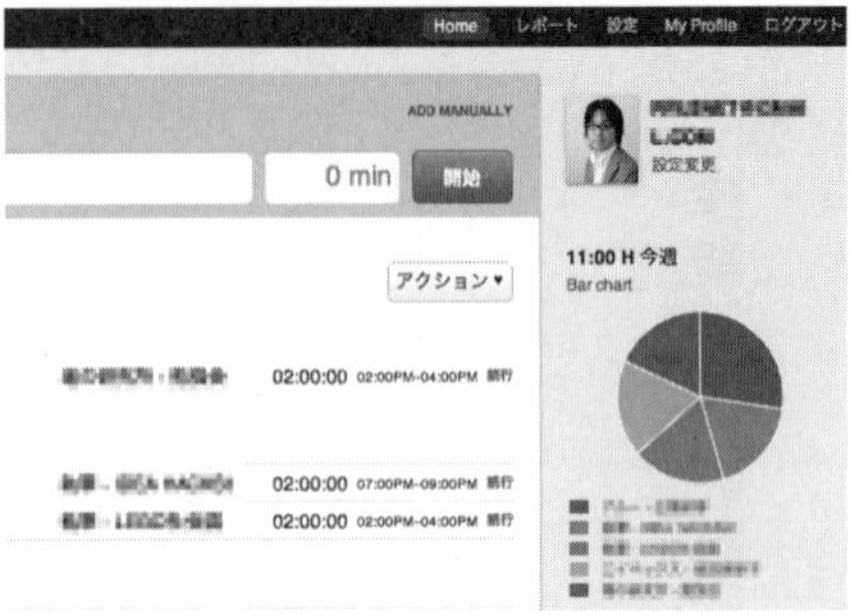


Togglなら、時間配分が円グラフで表示されるので、何に一番時間がかかっているか、一目瞭然。

ストップするだけ。iPhoneアプリやAndroidアプリもあるので、パソコンなしでサクッと記録することもできます。

こうして記録した時間は、一週間や一ヵ月といった期間ごとに足しあげたり、プロジェクト単位でどのくらいの時間配分をしているのか見ることができます。円グラフで表示されるので、一目瞭然です。

こうして、どのプロジェクトにどれくらいの時間を使ったのか振り返ることで、どの作業にどれくらいの時間がかかるのかという予測の精度をあげることもできます。

TIME HACKS! 28

## 二五分で区切るポモドーロテクニック

時間単位の生産性をフィードバックするために、時間を計測する以外のもうひとつのアプローチがあります。それが、時間の単位をあらかじめ決めておき、その時間内にどれくらい進んだのかをチェックするやりかたです。

このテクニックで有名なものが、**「ポモドーロテクニック」**（注12）です。これは、二五分を一単位として作業をし、その後五分間の休憩をするというもの。二五分で強制的に作業を区切っていくので、その時間にどれくらいの作業ができたのか、比較しやすくなります。

そしてこれを四回ほど行ったら、一五分の長めの休憩をはさみます。こうして、適度に緊張とリラックスを繰り返すようにするのです。

ここで重要なのは、とにかく時間を区切ってその間のアウトプットを評価していく点にあります。僕は、執筆についてこの方法を取り入れています。三〇分ごとに何文字書いたのかをエクセルに記入していくのです。

こうしていくと、その日の調子がどうなのか、常に把握することができます。「三〇分一五〇〇字がひとつの目安なのですが、それを下回るようだと、「ちょっと調

**NOTE**

注12　ポモドーロとはイタリア語でトマトの意味。トマト形のクッキングタイマーから名づけられている。ポモドーロテクニック用のｉＰｈｏｎｅアプリなども販売されている。

子が悪いな」という感じで、自分のパフォーマンスを認識できるのです。
スポーツ選手が自分の調子をフィードバックするように、自分の状態を客観的に把握でき、自己認識のテクニックとしても有効です。

TIME HACKS! 29

## 長引きそうな会議のあとに外出の予定を入れる

こうしてパターンを構築しても、どうしても他人の行動によってリズムを崩されてしまうことがあるでしょう。その最たるものが、社内で行われる長時間の会議。予定していた時間を超えて行われる会議は、いつ終わるかわからず、どんどんあなたの時間を侵食していってしまうでしょう。

もちろん、そうした長時間の会議が必要な場面もあります。ブレイン・ストーミングの会議など、アイデアを徹底的に出し尽くすような会議は、短い時間では終わりません。しかし、だからといって、終わりの時間をダラダラ伸ばしていいということにはなりません。

こうした時間を侵食するような会議に対しては、そのあとに動かせないアポイントを入れて対策するといいでしょう。

会議の始まるときに、「次に○○というアポイントがあるので、○時には退出します」と伝えておけば、参加者は、その時間まではなんとか終わらせようという気持ちになります。

もし終わらなければそのまま退出し、その後の議論や結論をあとから確認すればいいでしょう。経験上、その後の結論は、それまでの議論をくつがえすようなものにはなりません。「退出してしまっても問題なかった」と感じるはずです。

## TIME HACKS! 30 自分へのアポを入れる

こうして一週間のパターンをつくっても、そして無駄に長い会議から逃亡しても、それでも忙しさからいっこうに抜け出せないという人もいるでしょう。

毎日、他人とのアポイントが入り、追われるようにして仕事をしていく。その結果、休日に仕事をしていたり、平日も終電間際まで仕事していたり。これでは仕事に押しつぶされてしまいます。

それだけの仕事量を要求されている職場だと、なかなか早く帰ることもできないでしょう。

そこでおすすめしたいのが、**自分へのアポを入れる**、というハックです。

スケジュール管理をしていると、空白が気になって、ついつい埋めてしまいたくなる衝動に駆《か》られます。その結果、自分のことを考える時間がまったく取れなくなってしまいます。

終電間際まで仕事をすること自体は、悪いとはいい切れません。もし仕事に熱中しているのであれば苦にはなりませんし、そうした働きかたが必要なときも、一時的にはあるでしょう。

ただ問題なのは、それだけたくさんの仕事をしているときに、自分自身のことについて振り返る時間がないこと。「他人への時間」ばかりで、「自分のための時間」がないという場合です。

そこで、スケジュール帳の中に自分へのアポを入れてしまうのです。とくに、忙しくて振り返る時間のないようなときには、そっと三〇分くらいアポイントを入れて、本来の自分に会いに行く。たったこれだけのことですが、そこで本来の自分を取り戻すことができます。

この時間は、他人ではなく、自分だけのために使います。自分が今、どういう状態

| | ToDo | スケジュール |
|---|---|---|
| 管理する時間 → | 今ここ | 近い将来 |
| 「音楽」でいうと……→ | リズム | メロディ |
| 「文章」でいうと……→ | 単語 | ストーリー |
| 目　的 → | 今やるべきことに没頭する | 無理のない流れをつくる |

にあるのか振り返ったり、これからどんなことをしていきたいのかといった長期的な展望を考えたりするのです。

ポイントは、こうした時間を自分の意思で確保することです。たまたま時間が空いた、ということではなく、自分から率先《そっせん》して自分のための時間を確保することで、他人の予定に流されやすいスケジュール調整に、自由の楔《くさび》を打ち込むのです。

## TIME HACKS! 31 リズムとメロディ

生活にリズムを、ということはよくいわれます。確かにリズムがあると、生活にメリハリが出てきます。

しかし、そのままではあまりに単純すぎて、仕事に適応するのは難しいでしょう。「早寝早起き」というようなリズムだけでは、仕事はこなせません。

もう少し踏み込んで、そこにちょっとしたメロディをつけていったほうがいい。そこで、一日が七つ集まってできる一小節、つまり一週間の流れというメロディをつくる方法について、ライフハックを紹介しました。

ここでいかに美しいメロディラインを奏《かな》でられるか。それが、いい仕事をするためのハックとなります。毎日をただがむしゃらに突き進むのではなく、時間ごとにやるべきことを意識したほうが、ものごとがいい方向に進みやすい。自然な時間の流れをつくり出すことができます。

こうした美しいメロディのようなスケジュールを組み立てるハックを見ていきました。みなさんもぜひ、一週間、一ヵ月といったメロディを奏でてみてください。

# Chapter3

Title

# 時間効率ハック

Sub Title

## ジャズとトランス

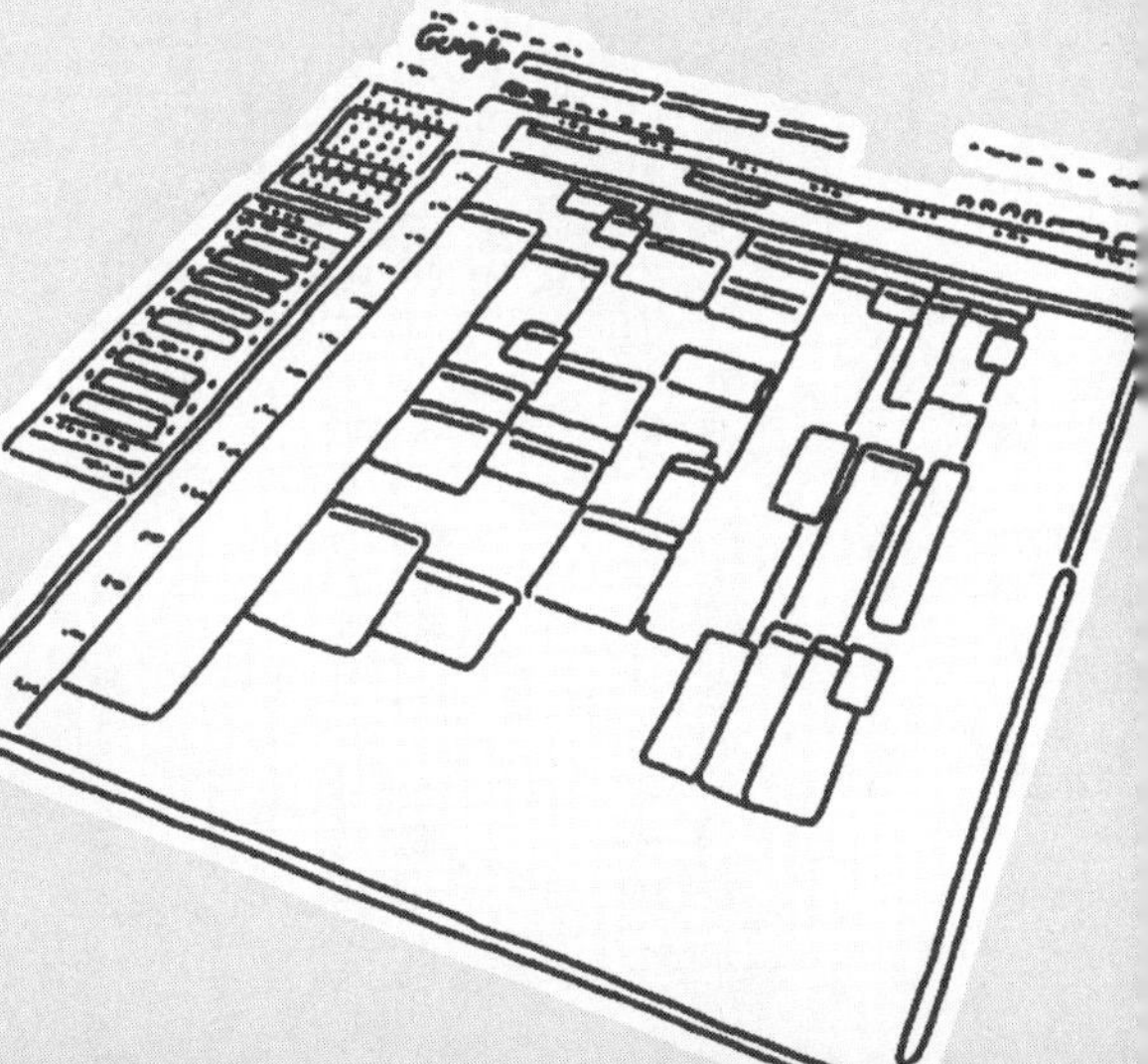

TIME HACKS! 32

## ニュートン時間とベルクソン時間

一時間仕事をするとします。その一時間は、ほかの一時間と同じものなのでしょうか？　などと、ちょっと哲学的な問いをしてしまいたくなるときがあります。
たとえば、昼ご飯を食べたあとの一時間と、締め切りに追い立てられている午前中の一時間とでは、その密度がまったく異なります。**同じ一時間とは思えないような「質感」**。このハックでは、そろそろ、「物理的な時間」ではなく「体感時間」を基準にスケジュールを考えようという提案をしたいと思います。

物理的な時間は、客観的にはかることのできる、誰にとっても同じ長さの時間です。これを、**「ニュートン時間」**と呼びましょう。万有引力があらゆる場所で普遍的に働いているのと同様、このニュートン時間は、誰にとっても普遍的な長さの時間を意味します。

しかし一方で、とても主観的な時間が存在します。
たとえば、夏休み、友達はみな旅行に行ってしまって、遊び相手がいない午後。そ

| ニュートン時間 | ベルクソン時間 |
|---|---|
| 客観的 | 主観的 |
| 社会の時間 | 子どもの時間 |
| 時間の濃度が一定 | 時間の濃度が変化 |
| やりすごす時間 | 没頭する時間 |

んなとき、家の庭先に流れていたあの時間は、いったいどんな時間だったでしょうか？　友達と遊んでいるときにはあっという間にすぎ去っていく時間が、時計の針の音が聞こえてきそうなほど、ゆっくり進んでいたはずです。

時間について考え続けた哲学者の名前を取って、このような時間は**「ベルクソン時間」**と呼ばれたりします。

仕事も同じです。時間が同じように流れていると思っていると、肝心なことを見逃します。それは、**「濃度」という概念**です。

ダラダラとすごせば、一日なんて何もせずにすぎてしまいます。もしそれを、子どものときのような熱中の仕方ですごしたとしたら、時間の濃度は高まり、生まれるアウトプットは膨大なものになるはずです。世の中で業績を残した人は、そうやって仕事に対して、まるで子どものように熱中していたはずです。

一日は、確かに二四時間しかありません。これはみな平等だと思っています。しかし、これはニュートン時間。

実際には、この**二四時間をものすごい濃度ですごしている人もいれば、無為にすごしている人もいる。**この時間の濃度を考えると、同じ二四時間でも、二倍にも三倍にも格差が出てくるはずです。こちらがベルクソン時間。

この「時間効率ハック」では、**子どもの時代にすごしたような濃密な時間を取り戻すためのハック**を紹介していきたいと思います。

## TIME HACKS! 33 始業前にその日の仕事を終わらせる

このベルクソン時間を実現するにはまず、**「集中できる時間は一日二時間」**と考えたほうがいいようです。というのも、集中力の持続には限界があるからです。

映画も二時間ですし、サッカー、野球など多くのスポーツが二時間前後です。見るほうの集中力もそうですし、スポーツであればやっているプレイヤーもやはり、二時間以上集中し続けるのはたいへんなのだろうと思います。

**問題は、その二時間を一日のどこに持ってくるか**です。これは午前中が一番です。それも始業前。出社を二時間早めると、電話に邪魔されることもなく集中できます。極端ないいかたをすると、**始業前にその日の仕事を終わらせることもできる**。

もちろん、集中力のピークを午後に持ってくる人もいるかもしれません。ポイントは、ピークを自分で意識すること。あらかじめこの時間に集中できるということがわかっていれば、そこに集中力が必要になる仕事を持ってくることができるようになります。

でも多くの人は、せっかく集中できるこの二時間を別のことに使ってしまっています。これはもったいない。この二時間を使ってはいけないことのワーストスリーは、個人的には次のようになります。**①経費の精算（単調な仕事）、②形式的な打ち合わせ、③ネットサーフィン**。

①の経費の精算などの単調な仕事は、リズムを持って作業をすると、意外に自然と集中できる作業。だから、集中できない時間に持ってきて、集中力を取り戻すのに使いたい。そういう意味で、もともと集中力のある時間帯には避けたい作業です。

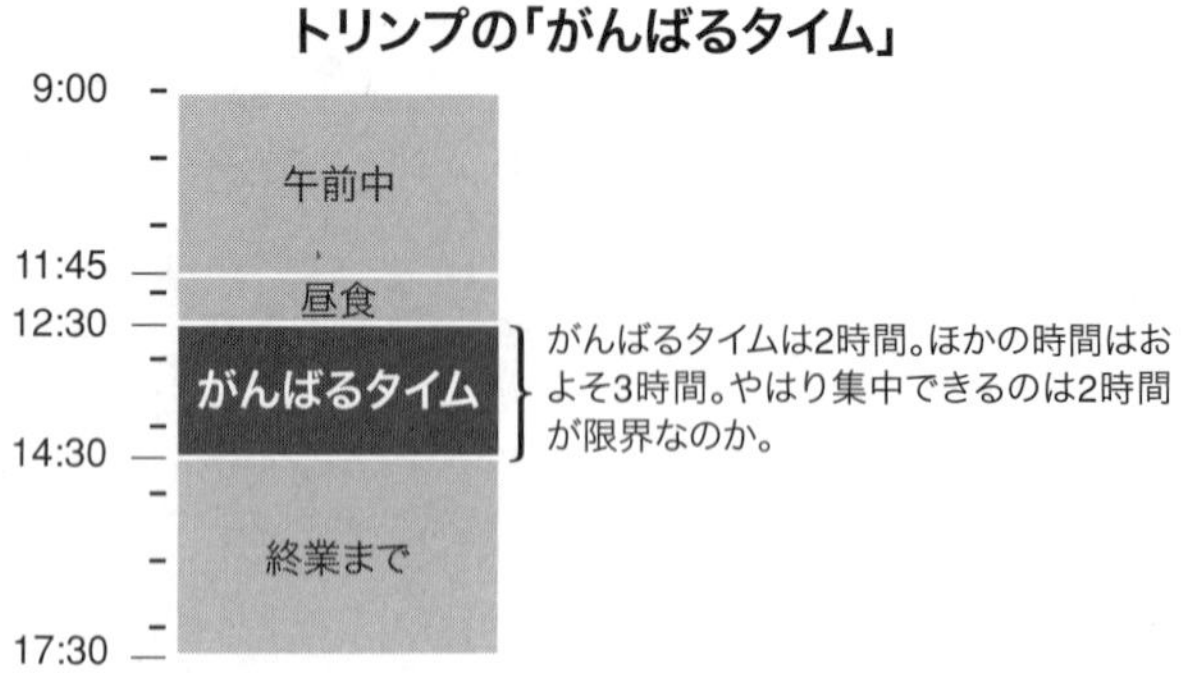


②の形式的な打ち合わせは、脳を休ませるのに使います。ある雑誌の編集者に聞いたら、「ものすごくたくさんの仕事をこなしているような人って、打ち合わせのときに目を開けたまま寝てる」らしいのです。さすがに目をつぶってしまっては問題なので、目を開けて、でも頭を停止させる。これで休みを取る。頭を使わない形式的な打ち合わせは、頭の休み時間にあてます。

③のネットサーフィンは、集中力を欠く行為としては最悪です。画面にも集中せず、書いてある情報を読み込むこともありません。思考が表層的で、注意が散漫になっています。ただ、リラックスの方法としては悪くないので、休みを取るつもりであれば悪くはないでしょう。

ちなみに、トリンプ・インターナショナル・ジャパンでは、**「がんばるタイム」**を設定して、社員全員が仕事に集中するそうです。私語も電話も、社内を歩き回ることも禁止されます。時間は、一二時三〇分から一四時三〇分までの二時間。**一番効率の落ちそうなときに、全員で決めて集中する。**そのときのオフィスは静まり返るそうです（注13）。

NOTE
注13　吉越《よしこし》浩一郎《こういちろう》著『2分以内で仕事は決断しなさい』（かんき出版）。

集中する時間を昼食後に持ってくることによって、**一日の時間が、「午前」「がんばるタイム」「終業まで」の三つに分かれて、時間に対する意識も高まる**とのこと。ちょっと休憩なんてことをしていたら、あっという間に時間がなくなってしまい、午前中は何もしなかった、なんてことになります。午前中は比較的集中しやすいので、「がんばるタイム」をあえて午後のはじめに持ってくるのは、一日全体を見ると効果的かもしれませんね。

TIME HACKS! 34

## アイマスクをして呼吸を整える

圧倒的な集中力を必要とするアスリートたちが、「ここ一番」のときに集中する方法としてよく取り上げられるのが、**呼吸と視界のコントロール**。集中するときのハックとして、ぜひ取り入れたいところ。

まず呼吸ですが、まずは腹式呼吸を意識しましょう。これは、おなかをふくらませて呼吸をする方法で、**気持ちが落ち着き、雑念がなくなります**。プレゼンで緊張したときなどにも効きます。

また、おもしろい方法としては、息を吸いながらおなかをへこませ、息を吐《は》きながらおなかをふくらませる逆腹式呼吸も効果があるようです。ちょっと不思議な感覚になり、気持ちが落ち着くので、僕自身はこの逆腹式呼吸も使っています。

次に、視界の問題。ほかのものが目に入ると、どうしても気が散ってしまいます。**何かに集中しようとした場合、視界を少し狭《せば》めたほうがいい**ようです。

そこで視界を、作業範囲だけに狭めてやる。これだけで、集中の度合いが違ってきます。もっと思考に集中する場合は、アイマスクをしてもいい。視界をすっかり遮《さえぎ》ってしまうことで、雑念をなくしてしまう。強制的に集中力を高めてやるわけです。

さらに、耳栓《みみせん》をしてしまえば完璧です。

『IDEA HACKS!』でも紹介したテンピュール社のアイマスク。つけ心地は最高。

こうして外部から入ってくる情報を極力減らしていく。これによって、脳が特定のことに集中できるようになります。

これによって集中力が高まるのには、実は理由があります。脳は、入ってくる情報をもとに常に予測をしています。

あるテレビ番組で、こんな実験を紹介していました。ある人に「ダーダーダー」といわせながら、その映像に「バーバーバー」という音声をかぶせます。すると、音声としては「バーバーバー」といっているはずなのに、なぜか「ダーダーダー」といっているように聞こえてしまうのです。

目をつぶって聞くと、確かに「バーバーバー」といっている。ところが目を開けて、しゃべっている口元を見てしまうと、とたんに「ダーダーダー」となってしまう。

つまり人は、実際の音を聞くよりも先に見えているものによって予測して生活している。つまり、それだけ視界からの情報によって脳を働かせてしまうわけです。

なのでやはり、視界を遮ったほうがいい。そのほうが、**脳の予測機能が無駄に働くことがなくなり、考えることに集中できます。**

TIME HACKS! 35

## 会議室を占拠して「疑似会議」を実施する

脳を仕事に集中させようと試行錯誤《しこうさくご》していると、なんといっても電話の音が仕事を邪魔していることに気づきました。

営業の部署であれば、電話で人と話すことがリズムになることがあるかもしれません。しかし、企画をするのであれば、集中しているときの電話は邪魔でしかありません。**電話で中断した集中力を取り戻すのは至難《しなん》の業《わざ》**です。

最近では営業の仕事でも企画をする、「企画営業」「コンサルティング営業」がいわれています。営業とはいえ、企画のための集中する時間が必要とされています。**「電話からどう逃れるか」**が、大きな課題になっているのです。

電話から逃れるのに一番いいのが、電話のある職場から離れるということ。たとえば喫茶店やホテルのラウンジ、または図書館の閲覧室もいい。勉強している人たちに囲まれるあの空間は、いやおうなく集中させられます。

さらに、**「疑似会議」という方法**もあります。ある人に聞いたのですが、その部署では時間を決めて、部署全体で会議室に入ってしまう。そうするとほかの人からは、打ち合わせをしているように見える。ところが実際にはそこで、部署のメンバーがおのおの企画書作成などの作業をしているのです。

先述のトリンプが全社的にやっていることを、部署として実践しているんですね。

こうして作業に集中することによって高められる効率は想像以上のはずです。**会議室にこもってテキパキ無言で仕事をする。**もし、あなたがそういう権限を持っているのなら、ぜひやってみてください。

## TIME HACKS! 36 そうじで集中力を高める

集中するために視覚や聴覚を制限するといっても、普段の仕事の中ではなかなかそういうわけにはいきません。打ち合わせのときに「見ざる聞かざる」をやるわけにもいきません。視覚や聴覚を制限していても非難されないような仕事のやりかたを探していって行き着いたのが、単純作業でした。

**雑念を払い、集中力を高めるのにもっともおすすめの単純作業は、そうじ**です。集中力が切れそうになったら、オフィスのそうじを始めるのです。

眠くなる昼食後もこれがいい。机の上から始まって、机の周り、書類棚。そうじなら、「あいつは何をやっているんだ？」というふうに見られることもなく、堂々とできます。そのうち、集中力が戻ってくるのを待ちます。

日本電産の永守重信《ながもりしげのぶ》社長は、業績の悪くなった会社をM&Aして立て直す名手ですが、彼が買収先で真っ先に徹底することが、6S、つまり整理、整頓《せいとん》、清潔、清掃、作法、しつけだそうです。これらを社内に浸透させることで、社内のやる気やモラル

ウェットティッシュで机の上を拭くのも、気晴らしになる。

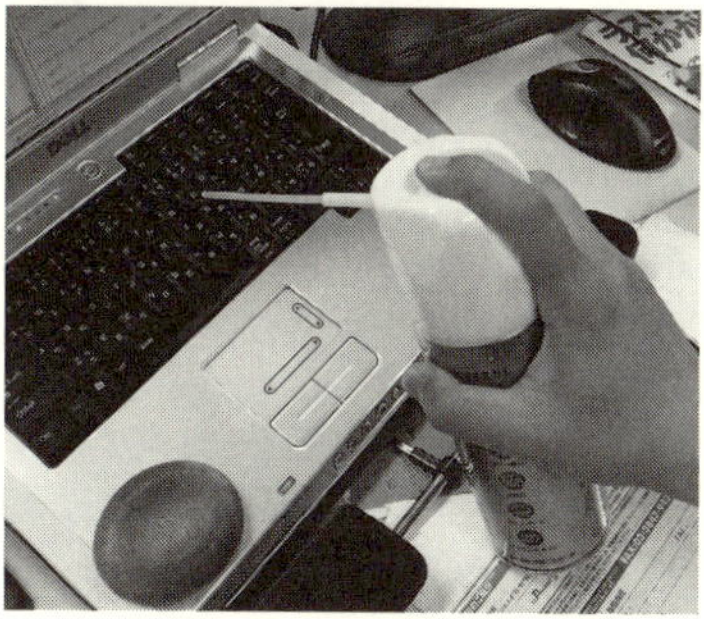

エアスプレーでゴミと雑念を吹き飛ばす。

を高めていくというのです。

　そうじそのものもそうですし、**そうじの結果きれいになったオフィスは、個人の集中力はもとより、組織の立て直しにも効果がある**わけです。

　ちなみに、そうじ道具にも工夫を凝《こ》らしたいですね。

　まず、机を拭《ふ》くためのウェットティッシュ。これは、上下左右に往復運動する腕の動きが、気持ちいい。

次に、エアスプレー。これは音が快感です。机の上のホコリをすべて吹き飛ばすと、気分爽快《そうかい》です。

カーペット地になっているオフィスには、ローラー型の粘着テープ。ころころ、ころがしているだけですが、ちょっと続けていると、気分が自然と高揚《こうよう》して、鼻歌交じりになっていることも。

そうじツールを使い分けて、気分を変えてみてください。

TIME HACKS! 37

## 「とりあえずボックス」で時間を生み出す整理術

そうじの話題が出たついでに、机整理術について触れたいと思います。「仕事時間の八割を書類探しに費《つい》やしている」という指摘もあるくらい「何かを探す」という作業に、人は時間を費やしています。それを防ぐには、机を整理することが不可欠です。

そんなことはわかってるよ！　といわれそうです。整理しようと思っているけれど、整理する時間がないんだ、という反論も聞こえてきそうです。それは確かにそう。

でも、意外なことですが、**「整理しようとする」から整理できない**のです。整理しようとしなければ、机の整理なんて簡単なのです。

謎かけみたいになってしまいましたが、結論からいえば、整理するのではなく、収納してしまえばいい、ということ。**机の上に書類を置きっぱなしにするのは、その人がいいかげんだから、ではありません。むしろ、「整理しなきゃいけない」とまじめに考えすぎるから**なのです。整理せずに、とにかく放り込む。収納すれば片づくのです。

机に置かれている書類は、まだ整理ができない**バッファーとなっている情報**です。問題なのは、そのバッファー情報を置く場所が、机の上である、ということ。机に置いてある書類を全部まとめて、書類ボックスに入れてみてください。それも、何の整理もしないまま。あら不思議、机の上は一瞬で片づいてしまいます。

もちろん、これだけでは書類を別の場所に移しただけです。でも、書類は一ヵ所に集められました。これが重要なのです。ボックスを見れば、整理前の情報がすべてそこにある。机に散乱させておくよりも、よほど安心です。このボックスを**「とりあえ**

整理できない「バッファー書類」は、とりあえず書類ボックスに入れる。これで机の上が片づく。

**ずボックス」**と名づけたいと思います。

バッファー書類がたまってきてボックスからはみ出しそうになったら、ゆっくり整理をすればいい。

きれいになった机の上で、書類を整理するのは気持ちがいい。**机の上はあくまで、作業場所として確保しておくべき**なのです。

## TIME HACKS! 38 ハードディスクはいっぺんに整理しない

このように、ものぐさだからできる整理法というものがあります。いわば**「ものぐさ原則」**とも呼べるこの原則は、あっという間に片づいてしまうところに特徴があります。

パソコンのハードディスクの中身も同様です。いいかげんに、でも効果的にファイルを管理する、ハードディスク整理術を紹介します。

## 収納したあとでゆっくり整理する

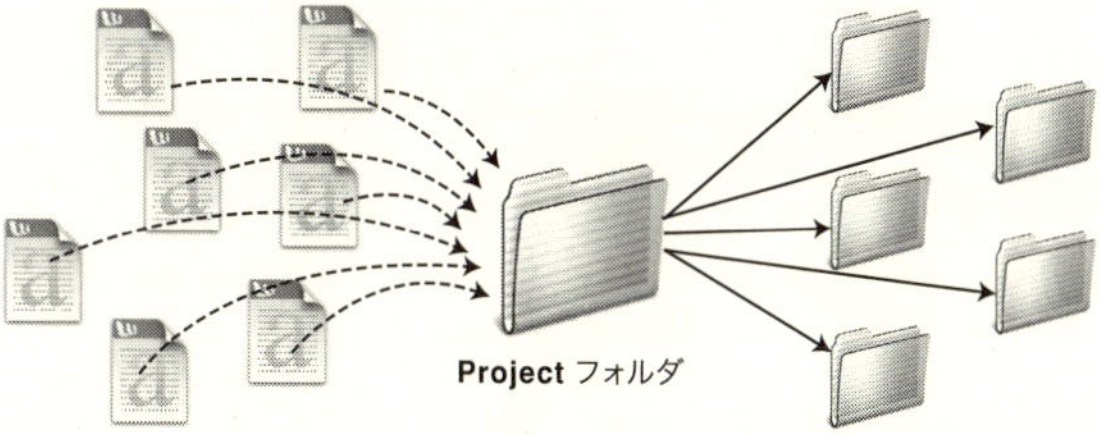


秩序をつくってから収納するのではなく、まず収納してから秩序をつくるというコンセプトは、野口悠紀雄氏が『「超」整理法』（中公新書）で提唱したもの。

まず、ファイルを、**①フロー、②ストック、③リファレンス**の三つに分類します。

フローは現在取りかかっているプロジェクトで、常に新しいファイルが入ったり、ファイルが更新されたりする部分。

ストックとは、終了したプロジェクトなどで、滅多《めった》にファイルを更新しないもの。

最後のリファレンスは、ストックしたファイルなどの中で、いつも参照するような情報。調査データやファイルのひな形などがこれにあたります。

僕の場合は、フローを「Project」、ストックを「Completed」、リファレンスを「Reference」という名前にして、フォルダをつくります。そしてその中で、プロジェクトごとにフォルダをつくります。

たとえば、「Project」の中に「new product」という新商品の開発関連のファイル、「Book」という執筆関連のファイルなどが入っているわけです。

こうやってフォルダを準備したら、次に運用です。

**デスクトップスペースは、バッファー書類が置かれる**ことになります。実際の机の上とは違って、ここではあまり神経質に整理する必要はありません。

しかし、デスクトップがあふれるようになると、ファイルの迷子が生まれてしまいますので、定期的に収納します。とにかく何も考えずに「Project」フォルダに入れる。**「何も考えずに」**というところがポイントです。まず収納してしまうのです。

その次に、「Project」フォルダに放り込まれたファイルを、各プロジェクトのフォルダに放り込みます。これが整理です。整理は時間があるときでかまいません。整理に必要な時間は、暇な時間にタイムシフトするのです。

**ここで適用されている「ものぐさ原則」は、複雑な作業を段階に分けているというところ**です。あるファイルをプロジェクトのフォルダに入れようとすると、二種類の判断が働きます。

**フロー、ストック、リファレンスの３種類に分けて書類を管理する**

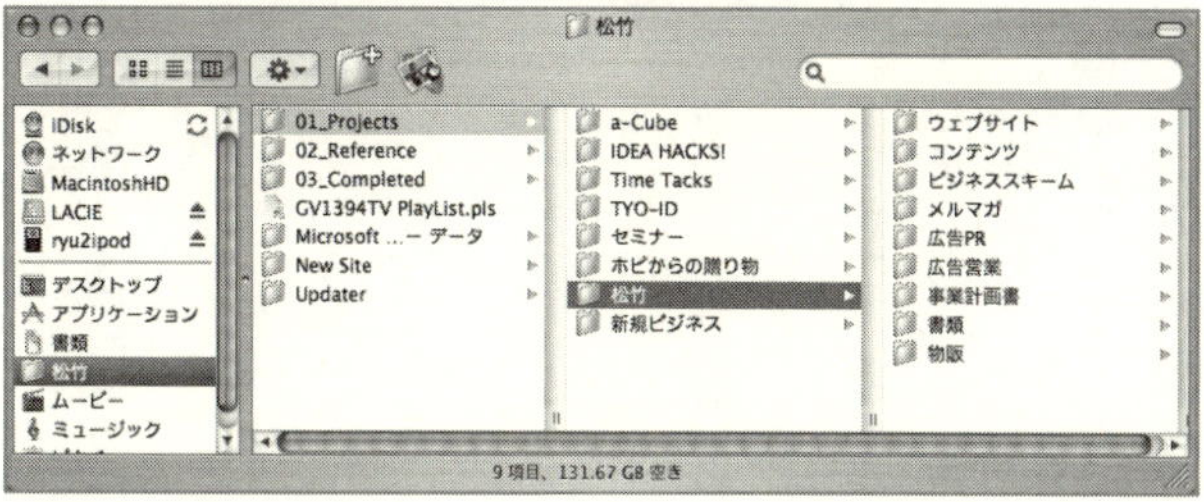


ひとつは、このファイルがフロー情報なのか、リファレンス情報なのかという判断。これは非常にシンプルな判断なので、即座にすることができます。

次に行う判断が、そのファイルがどのプロジェクトのものか、ということ。これは多少複雑ですが、ここだけを行うのなら、それほど難しい判断ではありません。

プロジェクトのフォルダの中に、さらに小さなフォルダがあったとしても、このあとは同様です。まず、小さなフォルダの手前の親フォルダに放り込んで、あとから分類する。

このように、**ファイルのフォルダへの移動を単純な判断プロセスへと細分化して、整理を行う**のです。各プロセスがシンプルになるので、ものぐさであっても取りかかりやすい。もし、これをいっぺんにやろうとすると、とたんに面倒な感じがするでしょう。

TIME HACKS! 39

## 「ものぐさ原則」による名刺整理術

「ものぐさ原則」を適用するもうひとつの整理術が、名刺の整理です。人に会えば会うほど増えていく名刺ですが、一番やってはいけないのが、これをすべてパソコンでデータベース化してしまうこと。時間とお金をかけた割には使えないモノができあがります。

まずひとつには、**入力するのにどうしてもタイムラグが発生する**ということ。ほんとうは、新しい名刺ほど重要なのですが、その重要な名刺ほど入力が遅れます。そのため結局、データベースとはほかに、新しい名刺も持ち歩く必要が出てきてしまいます。これでは意味がありません。名刺をもらうたびに、「登録しないと……」とプレッシャーに感じるのは、気分のいいものではありません。

また、名刺データベースの登録数が増えれば増えるほど、**登録データを見つけることに時間がかかってしまう**という事態が発生します。頻繁《ひんぱん》に連絡を取る人と滅多に連絡を取らない人が同じように登録されてしまうため、使い勝手の悪いものになってし

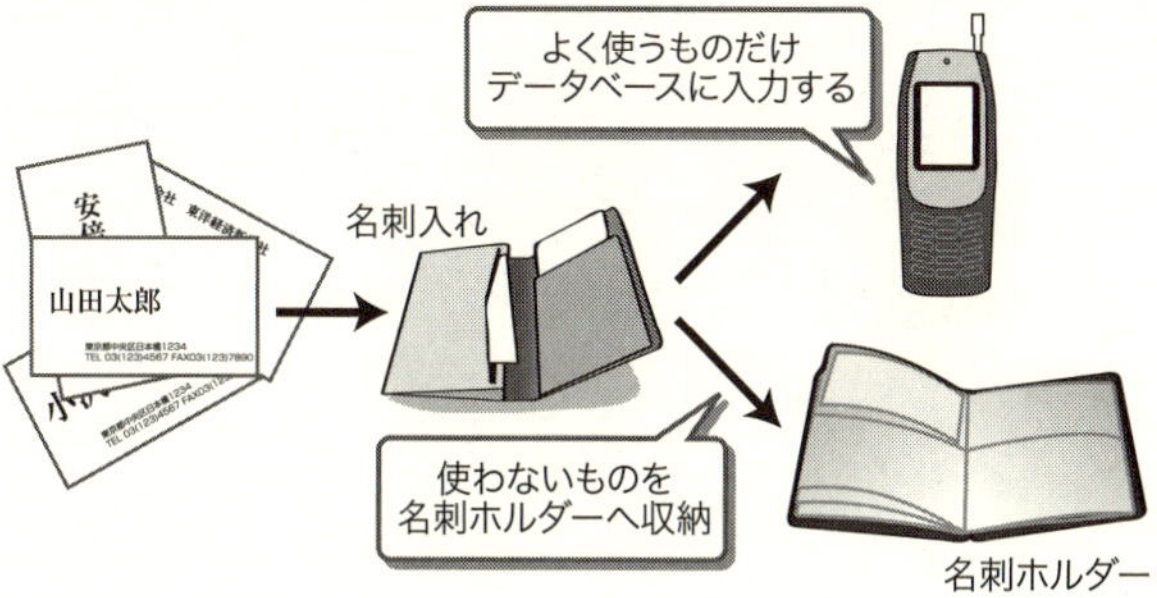


まいます。

　パレートの法則ではないですが、重要な人はそのうちの二割。あとの八割は滅多に連絡を取らない人です。

　そこで**「名刺は整理しない！」と割り切ってしまう**、「ものぐさ原則」が登場します。**必要な名刺は、データベースに入力などせず、持ち歩く**ほうが早いし、確実。自分の名刺を入れている名刺入れのほかに、もうひとつ名刺入れを用意して持ち運びます。

　名刺の順番は、一番最近に連絡を取った人を上に持ってきます。そうすると、滅多に連絡を取らない人がどんどん下のほうに移動しますので、あるタイミングで机の名刺ファイルへと移動させます。こうすることで、名刺管理のストレスから解放されます。

　さらに、名刺の中でも頻繁に連絡をする人が出てくると思います。その人の連絡先を調べるのにいちいち名刺入れを引っ張り出したくない……。そういう名刺が出てきたらはじめて、データベースに登録します。

具体的には、携帯電話の電話帳。**名刺をデータベースに入れるときには、頻繁に使う人だけ入れればＯＫ**なのです。そして、そのデータベースは常に身につけている携帯電話にしておく。これで、使える名刺データベースになります。

よく使っているデータこそ、データベースに入力する。「ものぐさ原則」を適用しながら効率を高めるハックです。

## TIME HACKS! 40 昼ご飯をひとくち分残す

ここまで読んできてお気づきだと思います。**集中力は、精神力の問題ではないのです。**

子どもが遊びに熱中するときのような、あの自然に発揮される集中力は、精神力だけでは生まれません。こうした、いわば熱中力とも呼べる圧倒的な集中力は、環境によるところが大きいのです。

こうした集中力を発揮するためには、カラダ環境の整備も必要です。その整備方法のひとつが、昼食。

昼ご飯を食べすぎると、どんな人でもほぼ間違いなく、集中力を失います。食べたい気持ちはよくわかります。しかし、ここはぐっと我慢して、ひとくち分残してください。理由もなく残すことに気が引けるなら、ダイエット中だと思えばいいでしょう。これだけでも、午後の集中力が高まります。

この食事コントロールによる集中力アップは、さらに進化を遂《と》げ、最近では**「半日断食」**という方法にまでたどり着きました。これは、朝食を食べずに空腹の状態を維持することによって、午前中の集中力をアップさせる方法です。

もともと、佐々木《ささき》俊尚《としなお》さんのメールマガジンで紹介されていた断食道場の話の中で、断食によって脳が活性化されて「通常の読書スピードの倍ぐらいの分量は軽くいける」（注14）と書かれていたのを読んだことがきっかけでした。

数日間の断食をする断食道場は、さすがにスケジュール的に難しいので、ほかの方法を探していたところ、朝食を食べないことで半日の断食を行う「半日断食」という方法を発見したのでした。そして、実際やってみると

NOTE

注14 「佐々木俊尚のネット未来地図レポート」（二〇一一年九月五日 Vol.158）

空腹感がたいへんで、野菜ジュースだけは飲むようにしました。今では、この野菜ジュース一杯だけで平気になりました。

食事というのは、異物を体の中に入れる行為です。その異物を、体の中に吸収するために、かなりのエネルギーを消費します。食事をするたびに疲れていっているというのが、実態です。

朝から体を疲れさせるのではなく、朝食を食べずに午前中の集中力を高める。半日断食は、そうした食事コントロールによる集中力ハックなのです。

## TIME HACKS! 41 二種類の集中力を使い分ける

こうした集中力にも、実は二種類あります。

ひとつは、前に紹介した単純作業に集中するような、リズムのある、いわばトランス状態になるような集中力です。外からの情報をシャットアウトして、内にある情報を絶えずループさせるような状態です。

この**トランス系集中力は、一人での作業や、複雑な判断が必要でないケースに向いています。**ウェブサイト制作の会社で働いていたときには、そういう状態の制作チー

| | トランス系集中力 | ジャズ系集中力 |
|---|---|---|
| 時間の流れ → | あっという間にすぎる | ゆったりと流れる |
| 視界 → | 狭い | 広い |
| 精神状態 → | 高揚感 | 落ち着き |
| 環境に対する反応 → | 声をかけられても気づかない | 環境にとけ込み、ささいな変化も敏感に感じ取る |

ムをよく体験しました。この状態を奇《く》しくも「祭り」と呼んでいたのですが、まさに祭りのようなトランス状態。この集中力は、ある種の快感を伴《ともな》っています。

一方、これとは異なる別の種類の集中力があります。それは、妙に冷静で、落ち着いた状態での集中力です。

ある柔道選手が試合中、相手選手の出方をうかがいながら、しかしとても落ち着いた心境になり、声援もはっきり聞こえたそうです。そして不思議だったのが視界。そのとき、目は相手選手を見ていたのですが、なぜか相手選手の後ろにある映像ビジョンまでも見えるくらい、視界が広がって感じられたそうなのです。

バレーボールの名セッターであった元日本代表

の中田久美さんも、トスを上げる瞬間、見えるはずのない相手コートの様子が手に取るようにわかったといっています。

僕自身、中学・高校と、ハンドボールをやっていたのですが、そういう瞬間がありました。ディフェンスを避けてシュートしようとしたら、体が反転してしまってキーパーが見えなくなってしまいました。でも、なぜかキーパーの手の高さははっきりとわかったんです。手を避けるようにしてシュート。後ろ向きだったにもかかわらず、ゴールを決めることができました。このとき、時間の流れはスローモーションで、あとから一瞬一瞬を思い起こすことができました。

ここでは、先ほどの**トランス状態とはまったく違う意味の集中力が発揮されています**。視界は制限されるどころか限りなく広がり、外からの情報が遮《さえぎ》られることなく取り込まれています。このときの集中力とは、どんなものなのでしょうか？

実は、剣豪の宮本武蔵《みやもとむさし》がこの集中力について、**「見《けん》の目、観《かん》の目」**という表現をしています。

「見の目」というのは、ある一点に集中する視線。これはトランス系の集中力で使われる視線です。一方の「観の目」というのは、全体をまんべんなく把握する広い視界のこと。宮本武蔵は、敵の一点を集中して見るような「見の目」ではなく、全体を眺《なが》めるような「観の目」をすすめます。そのほうが、不測の事態への対処ができるからです。

こういい換えることもできます。トランス系の集中力が自分の内面に没頭《ぼっとう》するのに対して、宮本武蔵のいう集中力は、自分自身だけでなく、自分を取り巻く環境へと没頭するのです。**自分自身が環境の一部となってしまい、環境全体を感じ取る。**そういう感覚が、「観の目」なのです。

時間の流れもまったく異なります。トランス系の集中力が「時間を忘れる」類《たぐい》のものである一方、「観の目」の集中力は、時を止めたり、スローモーションにしたりしてしまうような集中力なのです。

**この集中力が活躍するのが、不確実性の高い状況で、高度な判断が必要となるようなシチュエーション**です。宮本武蔵のように生きるか死ぬかの真剣勝負の状況はもちろん、ビジネスの場面でも、次にどのようなことが起こるかわからないという場面では、この種類の集中力が必要になってきます。

ちなみに、あるジャズピアニストがインタビューで、宮本武蔵の『五輪書』に感銘《かんめい》を受けたという話をしていました。なるほど。

先ほどの「見の目」の集中力がトランス系なら、「観の目」の集中力は、即興演奏を求められるジャズにぴったりなのかもしれない。そう思い、とりあえず**「ジャズ系集中力」**と名づけたいと思います。

## TIME HACKS! 42 トランス状態でメールを打つ

**メールの返信にいいのは、トランス系集中力。**短時間に大量のメールをこなすことが、メール返信を効率化する一番のポイントです。だから、メールチェックはなるべくこまめにはやらないほうがいい。それよりも、決めた時間に、ほかのことは全部忘れて、メールに没頭して返信していくことで効率がぐんと上がります。

たとえば一〇通のメールに返信しないといけない場合。一通に三分かけると、三〇分かかります。集中して取り組むことによって、これを一通一分、一〇分ですべて返信する。これだけで三倍の効率です。このときの集中力が、トランス系集中力です。

効率が三倍になるということは、時間が三倍になるということ。二四時間をこの調子ですごせば、七二時間になる。

そうは簡単にいかないものですが、たとえ一〇分であっても、効率よくすごすことが、全体の効率化につながります。

こうして、トランス状態でやるべきことについては、一定の限られた時間の中で集中して行うようにすると効率が高まります。**重要なのは、集中力の種類によって仕事を変えていくということ**です。

## TIME HACKS! 43 音楽はトランス系とジャズ系を用意する

『IDEA HACKS!』でも、音楽をかけながら仕事しよう、と書いたのですが、あのあとふと、「どんな音楽がベストなんだろうか？」と素朴《そぼく》な疑問が生まれてきました。その答えのひとつが、もしかしたら前述の二種類の集中力と関連しているかもしれない、と思い至ったのです。

一人作業のときには、テクノ系を好んで聞くのですが（注15）、**リズムの規則性が、トランス系集中力を刺激する**のです。ずーっと没頭して、あっという間に時間がすぎていく。本を書いているときもそうです。リズムに乗ってキーボードを打っている瞬間、ほかの情報はまった

NOTE
注15　ちなみに「電気グルーヴ」ファン。もう少し落ち着いたものでは、レイ・ハラカミなどがおすすめです。

く入ってこない状況です。

ところが、このテクノ系、トランス系の音楽だけでは、ビジネスのすべてのシチュエーションには対応できません。それが「ジャズ系集中力」が必要なとき。**このとき、トランス系の音楽の持つ規則的なビートが邪魔になる**のです。

ここでもうひとつ、宮本武蔵の話をしたいと思います。それは、宮本武蔵の剣先の動きについて。剣先は止まることなく、ゆらゆらと動いていたそうです。そうやって動かすことによって、不意の攻撃に対応したわけです。ただ、ここで重要なのが、この動きがリズムに乗っていたわけではない、ということです。

格闘技では、「呼吸を取られる」ことを嫌うそうです。呼吸をしているリズムを把握されてしまうと、攻撃のタイミングを取られてしまうからです。剣先も同様で、そこにリズムがあると、「あ、この瞬間にスキがある」と相手に把握されてしまうわけです。

一時、1／fのゆらぎというのがブームになりましたが、この宮本武蔵の剣先の動きもまさにゆらぎ。リズムに乗るのではなく、ゆらぎにまかせる動きなんです。1／fのゆらぎとは、自然界に現れる不規則な変動のこと。完全な規則性を持つのではなく、かといって完全にランダムではない微妙な動きのことです。剣先がゆらぐというのはつまり、その自然のリズムに乗るということ。自分を取り囲む自然環境の中に「没頭」するがゆえの動きなんですね。

と見ていくと、なぜトランス系の一定のリズムがよくないのかわかります。そこにはゆらぎがなく、一定のリズムに乗せてしまうからです。

**こういうときに必要な音楽は、1／fのゆらぎを持つ、予測できない音楽。**

ジャズもこのゆらぎを持っています。さらには、先に書いた自然音なども、この集中力を高めるにはぴったり。ジャズ系集中力を高めるための音楽も用意しておく必要があるわけです。

具体的には、ジャズ系集中力というネーミングそのままですが、ジャズはやはりぴったりです。

TIME HACKS! 44

## 午後二時に人と会う

トランス系集中力は、単純作業をしながら高めていけばいい、という話をしましたが、一方でこのジャズ系の集中力は、どうすればいいのでしょうか。

ヒントは、**ジャズ系の集中力が「不確実性」への対処に必要**だということ。予測のできない、ゆらぎのあるものに対応するときに、この集中力が引き出されてきます。

この、どう出るかわからないものの代表といえば、人でしょう。


**お昼ご飯のあとは、できるだけ人に会う**ようにしています。それによって、「ジャズ系集中力」を一日の真ん中に持ってくるわけです。ちなみに一週間の使い方もそうでした。真ん中である水曜日に人に会う。そうやって一週間のリズムを整えるのです。中だるみを防ぐというのがひとつの理由。さらにもうひとつ、ここには理由があります。

ジャズ系集中力は、まわりの環境に敏感に反応する、神経をとぎすましている状態です。そういう状況では、プロジェクトの問題点や直面している危機を察知しやすくなっています。さりげないお客さんの仕草《しぐさ》から、さっと不満を理解して対応する。そんなことができるのも、ジャズ系の集中力があってこそ。

これがトランス系の集中力だと、こうはいきません。なにしろ没頭してしまっていますから、外の様子などそっちのけ。多少問題があったとしても気づかず、そのまま突っ走ってしまい、あとから「ああ、しまった！」となるのがパターンです。チームで働いている場合、チームがトランス状態になっているときには必ず、誰かが「観の目」でもって、全体的な状況把握をしておく必要があるのです。

そのために、**トランス系の集中から離れられる「人と会う」ということを、一日の真ん中に持ってくる**。そこで問題を発見すれば、夕方にはすぐ対応ができる。そうやって時間ごとの集中力を使い分けるのが、このハックのポイント。

ということで、一番のクライアントには、午後二時からのアポイントをおすすめします。

TIME HACKS! 45

## タメの時間をつくる

これまでは、何かをやるために「集中する時間」をどう管理するかについて、ハックを紹介してきました。しかし実際には、**「何もやらない時間」をどこで持っておくのか**、というのも重要なポイントになってきます。

そもそも、高度な集中力は二時間しか持ちません。そのため、次の集中できる時間を準備するためにも、意図的に「何もしない時間」をつくることも必要なのです。この何もやらない時間を、**「タメの時間」**と呼びたいと思います。

ただ何もやらないわけではありません。次の瞬間に爆発的な集中力を発揮するための積極的な休息です。

このためには、今、自分が何をやっているのか、どういう状態にあるのかを、感じながら休むこと。瞑想《めいそう》をするような感じですが、ただダラーッと休むのではなく、今という時間を生きている自分を感じながら休むことで、休みを終えたときに一気に集中できるのです。

つまりポイントは、**休むときの意識の持ちかた**なんです。変ないいかたですが、「意識的にしっかりと何もやらない」ということが重要なのです。

人はどうしても、仕事のことが気になって、休みに集中できません。しかし、それでは休みになりません。何もかも忘れて、「この時間休んでも何も起こらないし、起こったとしてもあとで対応できるさ」と気楽な気分になることです。

この点、ヨーロッパ人、とくに北欧の人は休みかたがうまい。一ヵ月以上の長期休暇を持っているような国もあるわけで、そういう人たちは、休むときには徹底しています。日本人のように長期休暇がないと、どうしても休みかたがへたになるのかもしれないですね。

また、彼らがいうには、**クリエイティブになるには休まないとだめ**だろう、ということ。忙しくしているだけだったら、余裕もなくて、新しいことをやろうという気にもならない、と。悔《くや》しいけれど、当たっているような気がしていい返せません。

こうしたタメの時間には、普段なかなかじっくりと落ち着いて取り組めないことを行うといいでしょう。たとえば、①**長期的なスケジュール管理**、②**ＴｏＤｏ管理**、③**目標設定**などには、絶大な効果を発揮します。

## TIME HACKS! 46 身近なリゾート、温泉を活用する

日本は火山大国なので、たいていの地域に温泉があります。近くの温泉に行くのも、いい気晴らしです。

僕は仕事でちょっと疲れると、さっと温泉に行ってしまいます。重要なのは、疲れたときには**少し日常から離れる**ということ。温泉に行く電車やバスから、気持ちのう

えでのリゾートは始まります。そこは、仕事をしようにもあまりできない、強制的に休まされる場所だからです。

ある人がいっていたのですが、海外旅行の飛行機の中が、一番ものごとを考えられるのだとか。しかも、短期的なものではなく、長期的な計画について。日常の細々としたことから離れて、人生について考え直すことのできる貴重な時間なんです。日ごろ読めない小説を持って行ったりするのもいいですね。

このように、温泉に行くというのは、日常生活の忙しい「トランス」の状態を抜け出して、**人生全体を見渡すためのハック**です。

さらに、一人で行くのではなくて、チームで行って合宿するのもいいでしょう。「はてな」という会社は、アプリケーション開発のための合宿を行うことで有名ですが、普段の業務とは離れて、違った発想での制作ができるのだとか。

できるだけ安くあげるためにも、交通費も含んだ旅行商品で行くようにしています。これだと普通に行くよりも、大幅な割引になります。また、ここでも喫茶店同様、行きつけの温泉宿を見つけることが重要です。

ポイントは、規模が大きくないところ。大型旅館は、社員旅行需要を目当てに建てられた古いものが多く、落ち着きません。最近増えてきた、小さな個人旅行者向けの温泉がいい。

選ぶときのポイントは、ちゃんとしたウェブサイトを持っている宿。それだけ新しい取り組みをしている宿は、サービスもいいです。

また、部屋に露天風呂がついている宿は、ちょっと値は張りますが、気分もいいですね。予約をする前に、じゃらん（注16）の口コミ情報をチェックすることをおすすめします。

NOTE
注16　じゃらんnet（http://www.jalan.net/）は、クチコミに旅館の返信がついているのがいい。返信内容に、旅館のスタンスを垣間見ることができる。

TIME HACKS! 47

## コワーキングスペースで意識の高い人と「合宿」する

合宿するといっても、急に仲間を募《つの》って行くのは、かなりハードルが高い。スケジュール調整はもちろん、誰もがそうしてまで仕事をしたいのかといえば、必ずしもそうではありません。「温泉に行ってまで仕事をしたくない」というのも人情です。

しかし、合宿の威力も捨てがたい。何の邪魔も入らない環境で、全員が一心不乱《いっしんふらん》に仕事に打ち込むときに生まれるチーム全体の集中力は、たとえば受験勉強合宿みたい

コワーキングスペース co-ba の作業風景。

なものを思い出してもらえればいいと思いますが、大きなパワーをもらいます。

そんなパワフルな合宿を身近に実現できるのが、**コワーキングスペース**です。ここは、主にフリーランスで活動しているデザイナーやエンジニアなどのプロフェッショナルが集まり、いっしょに仕事をする場所として設計された、シェアオフィスのような場所です。

シェアオフィスと異なる点は、ここに集まる人たちのコミュニケーションや交流を促《うなが》す仕組みが組み込まれている点です。オフィスには大きなテーブルが置かれたりして、互いの様子が見えるような設計になっていたり、交流会やイベントが行われたりしています。単にオフィスを共有するだけではなく、人の交流にフォーカスを置いているところが、コワーキングスペースの特徴です。

僕は渋谷にある「ｃｏ－ｂａ」というコワーキング

スペースのメンバーとなって、執筆の仕事をそこで行うようにしています。一人で孤独に作業するよりも、そこでほかのメンバーの雰囲気を感じながら作業したほうが、効率は圧倒的に高まります。

もともとサンフランシスコから始まったコワーキングスペースですが、今では世界中に広がっています。日本でも主要都市へと広がっていっています。

ダニエル・ピンクが『フリーエージェント社会の到来』（ダイヤモンド社）で書いたように、仕事の形態が、会社員だけでなくフリーランスへと多様化していく中で、こうしたコワーキングスペースは、人と人をつなげる社会的機能を果たす施設として、いっそう重要性を増してくるだろうと思います。

TIME HACKS! 48

## ジャズ系の集中力を高める儀式

この本を書くにあたって痛感したのが、「書きたいときに書けるとは限らない」ということ。たとえば今日の夜八時から本を書くと予定しておいて、いざ書こうとしても文章が思いつかず、数時間を無駄にすごしてしまうことが多々ありました。

これは、ものを書くことだけではなく、企画を立てるといった、アイデアを出す仕事特有の問題です。**アイデアを生み出す時間は、あらかじめスケジュールできない**のです。

アイデアが出ないときは、諦《あきら》めて休んだほうがいい。そして、休んでいるときにパッとひらめいたりする。そこからは早く、思いついたものをとにかく書いていくことになります。そういう瞬間が何度か訪れました。

集中力の種類でいうと、これはトランス系ではなくてジャズ系。きまぐれで、リラックスしたときに偶然、舞い降りてくる種類のもの。すべての感覚を解放して、リラックスしながらもイキイキとした感性を取り戻している瞬間です。こうした瞬間は、「待つ」しかないのかもしれません。

とはいえ、アイデアが出ないからといって休んでばかりだと仕事が進みません。あるとき一念発起《いちねんほっき》して取りかからないといけない。とくに企画を仕事としている人は、プロフェッショナルとして、常に同じクオリティのアウトプットを求められます。そこでおすすめなのが、**ジャズ系の集中状態に入るための「儀式」**です。

たとえばプロの作家の人たちは、鉛筆を何本も削《けず》ったあとに書き始める、書類を破り捨ててから書き始めるなど、それぞれ、いろいろな儀式を持っています。

ある作家は、同時並行で進めている複数の本がある場合、本ごとに机や文房具を用意するのだとか。その机に座ると、その本の資料も揃《そろ》っているし、かつ雰囲気の違う机、文房具によって、その本の**「モード」**に入ることができるわけです。

複数の机というアイデアは、それが可能な場所を活用することで実現します。電話でのやりとりなら職場。企画用は、静かで内装が美しい落ち着いた喫茶店。メールを大量に返信するなら、ちょっと騒がしいファーストフード店。そして没頭するなら、先ほど紹介したコワーキングスペース。そういう使い分けをしていくと、モードを強制的に切り替えることができます。

大切なのは、内面から変わろうとしないこと。**集中できるかどうかは精神力の問題ではなく、環境の問題であると割り切る。**形から入ることで、自分をコントロールできるようになります。

TIME HACKS! 49

## ジャズとトランス

充実した時間をすごすためには、ジャズ系とトランス系の二種類の集中力が必要だという話をしてきました。

効率を高めるためには、仕事の内容によって集中力を使い分ける必要があります。トランス系の集中力で企画を立てようと思っても、思考が堂々巡りになってしまうだけですし、ジャズ系の集中力で事務作業をこなそうとしても、思考が拡散してしまってミスを多発してしまいます。その原則を踏まえながら、集中力を高めるためのさまざまなテクニックを紹介しました。

どちらの集中力がより重要か、という比較はあまり意味がありません。どちらも大切です。しかしあえていうなら、**今の時代にはジャズ系の集中力が必要になっているのではないか**と感じます。

時間に追い立てられるのではなく、時間の流れをゆっくりと感じながら、質の高いアウトプットを生み出していくジャズ系の集中力は、いいかたを変えればスローライフなどのキーワードにもつながっていきそうです。

このように、時間感覚を取り戻すムーブメントが起こりつつあります。「時間効率」というタイトルをつけましたが、しかしほんとうは、「効率」という呼びかた以上の「時間体験」について踏み込んでいくべきなのではないかと思っています。

**かけがえのない時間をどう味わうか。それこそ、人生を楽しむハック、ライフハックにつながっていく**はずだと思います。

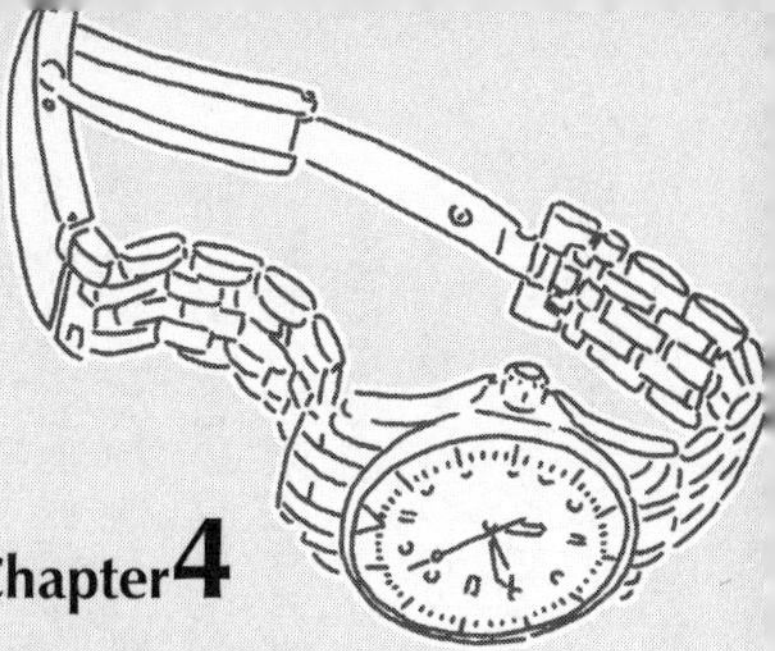

# Chapter4

Title

# 時間投資ハック

Sub Title

## 効率と効果

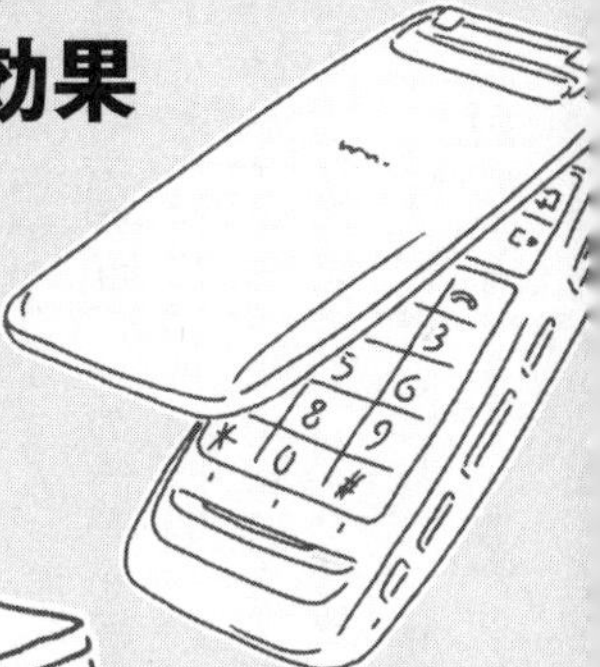

TIME HACKS! 50

## 自分コストを計算する

時間が有限である、ということはなかなか実感として理解できません。山から流れてくる清水のように、それはよどみなく、未来永劫《えいごう》流れてくるかのように思えます。

しかし、山の清水と違って、時間の貯水量は決まっています。もし明日事故などで命を失うとしたら、その水がめには、数時間分の時間しか残っていない、なんてこともありうるわけです。

にもかかわらず、僕も含め**人は、時間を無駄にすごしてしまう**。**これは、時間が無限にあるという前提で働いているから**にほかなりません。

**時間の有限性を自覚するのに一番いい方法は、その時間を別のものに換算して実感すること**です。とくに働いている人にとっては、その時間一秒一秒がコストであるという認識を持つことが、仕事の生産性を考えるうえでは必要不可欠です。

このコストのことを、**「自分コスト」**と呼びます。この自分コストは、収入÷労働時間で算出します。たとえば、年収五〇〇万円だとすれば、年間の労働時間である一八〇〇時間で割った約二八〇〇円が時給となります。年収が倍になれば、時給も倍に

自分コスト（時間あたり）＝ $\dfrac{\text{年収}}{\text{年間労働時間}}$

打ち合わせコスト＝参加者の自分コストの総計×打ち合わせ時間

（例）自分コストが5000円のリーダー1人と、3000円のメンバー4人が3時間打ち合わせした場合

打ち合わせコスト＝（5000円×1人＋3000円×4人）×3＝**51000**円

これだけの費用を払うに足る効果が出ているだろうか？

なります。

さらにこれを、チーム内のコストとして考えます。打ち合わせを五人でやるとき、リーダーが時給五〇〇〇円で、そのほかのメンバーが時給三〇〇〇円とすると、一時間あたり一万七〇〇〇円がかかっていく計算になるわけです。

一時間の打ち合わせをやるだけでもこれだけのコストがかかる。これを自覚することから、スタートします。この**コスト感覚をベースに仕事を捉《とら》え直してみると、企業の中にはものすごく無駄が多い**ことがわかります。

たとえば、ある単純作業をものすごく時給の高い人が行っていたりする。利益の低いプロジェクトに大人数がかかわっていたりする。製品をつくるときには、ほんの少しの無駄なコスト

も見逃さない日本人が、なぜかホワイトカラーの生産性については無頓着《むとんじゃく》、なんてことが平気で起こっていたりします。

会社組織という単位でもそうですが、個人の単位でも、この**自分コストを認識することは生産性の向上につながります**。そのためには、まず前提として、自分は、「自分という人材」を雇《やと》って事業を行っている事業主だと考えることが必要です。

二八〇〇円の時給を払ってどのようなことをやらせて、どのような成果を得ようか。もしここで、「遊んでいても時給は入ってくる」なんて思っていると、生産性は高まらず、最終的には会社にも見放されてしまいます。いや、見放されるくらいだったらOKです。問題は、会社に時間を切り売りしている感覚が染みついてしまうことで、貴重な資源である時間を無駄にすごしてしまうことです。

年収五〇〇万円で年間勤務時間が一八〇〇時間だとすると、一分あたりにすると約五〇円になります。作業を一分、効率化することが、五〇円の効率アップにつながると考えていく。そういう「カイゼン」活動が積み重なって、生産性の改善につながっていくのです。

この五〇円のコスト意識は、確かに会社のためにもいいことですが、実は会社のためではありません。この五〇円を意識することで、**人生の時間のコスト意識が生まれ**

て、結果的に豊かな人生につながっていくのです。

TIME HACKS! 51

## 時間を経験に変える

時間を投資する、と考えた場合、そこで返ってくるリターンは当然、時間ではありません。お金と違って、時間を投資しても時間が増えて戻ってくることはないからです。

時間は、投資すると別の形になって返ってくるものです。ある人は、ランニングに時間を費《つい》やし「健康」を手に入れるかもしれませんし、彼や彼女を口説《くど》き落として「愛」を手に入れるかもしれません。そして、**ビジネスの現場におけるリターンの大部分は、「お金」と「経験」、「信用」**です。

ここでは、時間がどのように、お金や経験へと変わっていくかということを考えてみたいと思います。

経済学の考え方に、**機会費用（オポチュニティ・コスト）**という考え方があります。あるプロジェクトに投資すると、もう一方のプロジェクトには投資できない場合、一方のプロジェクトを選ぶことで放棄しなければならない利益を、費用として捉《とら》える考えかたです。

リソースがたくさんあれば、両方やればいいのですが、リソースは無尽蔵にあるわけではありません。とくに、時間というリソースは限られています。だから時間は、できるだけリターンの見込めるプロジェクトに投入すべき、ということになります。

そんなこと当たり前じゃないか、と思われるかもしれませんが、意外とそうではないんです。とくに「やるべき」なのにやらないでいることによる機会費用。

たとえば、今あなたがファイナンスを勉強しないことにより放棄している利益を考えたことがありますか？　英語を勉強しないことで放棄している利益は？　「やるべきことをやらないこと」によって、放棄している利益は莫大なものになります。でも、それで平気なのは、それがコストとして見えてこないからなのです。

今日一日、妥協《だきょう》して飲みに行ってしまったときの機会費用。あまり考えたくないことですが、やっぱり考えなければなりません。

これは会社にもあてはまります。新規事業のお手伝いをしているときにいつもいうのが、**「やるリスクよりも、やらないリスク」**。やらないことで失ってしまう利益を考えた場合、やってみて小さな失敗をすることなんて、リスクでもなんでもないので

●お金は、お金そのものがお金を生む。
（株なども、すべてお金の額で表現できる）

……　**お金 ➡ 株（お金） ➡ お金**

●アルバイトの場合、時間そのものがお金を生んでいるが、効率が悪い。

……　**時間 ➡ お金**

●時間から多くのリターンを得るには、時間を経験などへと、
一度変換する必要がある。

……　**時間 ➡ 経験 ➡ お金**

す。しかも、**失敗したあとには学びがある。経験になる。**時間を投資して得られる経験。

個人の場合でも、投資のリターンとしての経験に着目することで、時間の捉えかたがらりと変わります。

経験というキーワードが出てきたところで、時間をお金へと換えるときのふたつの方法について、考えてみたいと思います。

ひとつは、時間の切り売り。アルバイトなんかはそうですね。いわれたことをやっていく。ある一定時間働いて、その報酬をもらう。これは、単純に時間がお金に換わるシンプルな方法です。しかしこれでは、時間単位のお金は大きくは増えません。あくまで、時給での計算になります。

もうひとつの方法が、**経験という変換プロセス**

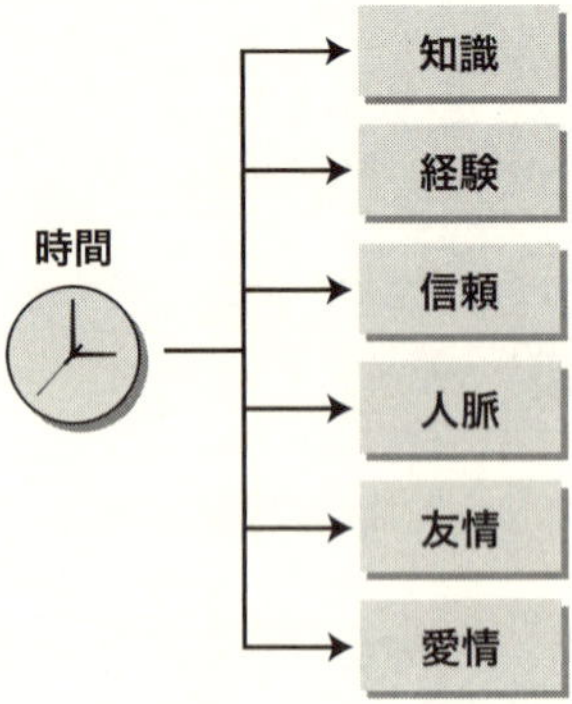


時間を何に変換するか、というところに人の価値観が如実に表れる。

**を踏む、ということ。**時間をまず、経験を積むために投資する。そして、経験をどんどん積んでいくことによって、結果的により多くのリターンをもらうということ。

これは時間の切り売りではなく、時間の投資にです。お金の場合、投資するときには、たとえば株券を購入したりして、お金とは別の形態へと変換して、値上がりなどを待ちます。時間の場合は、それが経験や信頼なのです。

ただし、お金の場合は、基本的にはお金の単位ですべて表現が可能ですが、経験などはお金の単位では表現できません。時間をどのようなものに変換するかというところに、人の価値観や人生観が表れてきます。

一般論として、**若いうちは、時間を投資して経験を重ねるべき。**心配しなくても、そのうち経験がお金になっていく。ただ問題は、どれくらいの時間を、どのような経験に投資するかという判断です。

TIME HACKS! 52

## 時間の二〇%を自分R&Dに投資する

Google には、週五日のうち一日、つまり就業時間の二〇%を個人プロジェクトに費やすことができる仕組みがあるそうです。友人の紹介で Google を訪問したとき、社員の方にいろいろ案内してもらったのですが、「今日一日は自由に使えるから大丈夫だよ」といっていました。

個人プロジェクトとはいえ会社のお金を使うので、もちろん、どのようなことをやっているのかレポートする義務はあるようですが、それでも、好きなことをやれる自由は何ものにも代えがたい。Google のようなイノベーションによって発展している会社でなくても、最終的に会社の利益にもなるはずです。

もちろん、こうしたことを表だってやれる会社は少数です。結局、「闇研」、つまり非公認でやるしかなくなります。「闇研」はたいへんです。でもやったほうがいい。だって、それは立派な投資活動だからです。

## 時間投資の黄金比率

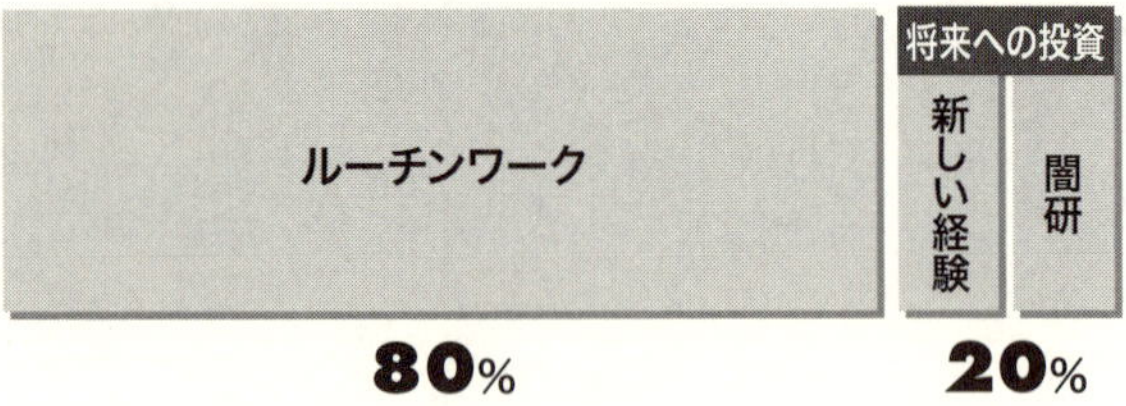


会社を経営する立場、部下を持つ立場からも、こうした時間投資の有効性については考え直したほうがいいと思います。意識の高い部下に積極的に「時間の投資」をさせる会社は、彼らのモチベーションも高まるし、満足度も高まります。

成果報酬などで給与を細かく算出するよりも、労働時間の二〇%の自由を与えて、その成果について評価したほうが、その人はよほど感激します。

逆に、ルーチンワークばかりさせられて、経験が積めず、時間を切り売りしているような状況に陥《おちい》ったら、意識の高い人ほど会社を離れていきます。そのとき、転職の理由は、お金よりも時間の使いかたなのです。

ある程度、立場が上になっていけば、自分の時間の使い方も自由が利くようになるでしょう。僕は、「**自分R&D(研究開発)**」と呼んで、これまで経験したことのないようなプロジェクトに全時間の二〇%以上、使うようにしてい

## 時間の貸借対照表

自己時間が経験や信頼、人脈となってその人の資産となる。

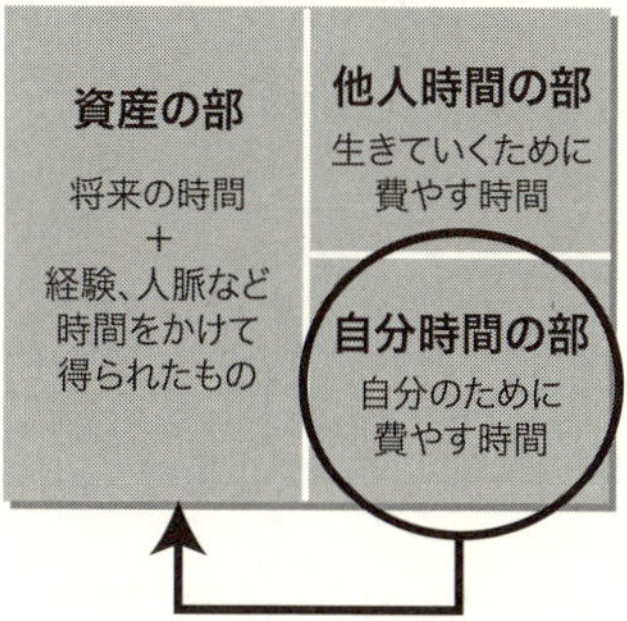


ました。ルーチンばかりになってしまわないように、自分の能力を研究開発していくのです。

独立してからはこれを、ボランティアにあてるようにしました。独立すると、自分の時間の使いかた次第で収入が増減します。働けば働くほどお金は儲《もう》かりますが、一方で、自分の能力開発にあてる時間がなくなります。

そこで、**業務時間の二〇％を強制的にボランティアに使う**ようにして、Ｒ＆Ｄを継続するようにしました。

そこでは収益を求めず、やりたいことをやっていく。そのためにボランティアという無償性を条件にしました。そんな中、東日本大震災が起こり、この二〇％を最大限生かして、その後の復興ボランティアに参加しています。

こうして、**ある一定の時間を経験のために投

**資する。**古い言葉では「若いころの苦労は買ってでもしろ」ということ。これは精神論ではなく、きわめてまともな時間投資の経験則なのです。

TIME HACKS! 53

## 海外旅行ではなく、海外「滞在」する

この二〇%の時間ですが、見聞を広めるという意味で、海外旅行も優れた投資先です。僕自身、アメリカへの二年間の留学は、非常にいい経験になりました。日本の常識を疑うこともできるようになりましたし、逆に日本の良さを再発見することも多々ありました。

　この海外旅行ですが、できれば海外への「**滞在**」という方法を取るといいでしょう。ハイパーメディアクリエイターの高城剛《たかしろつよし》さんは、『モノを捨てよ世界へ出よう』（宝島社）で、一ヵ月の海外滞在をすすめています。観光地を転々と移動する「旅行」ではなく、一ヵ所に滞在してじっくりとその土地の生活を味わうことによって、より深く、その国や地域の持つ価値観に触れることができるというのです。

　ほかにも、ライフネット生命の出口治明《でぐちはるあき》社長の旅行術もおすすめです。一週間から一〇日ほどの休みをとって旅行をするのですが、その方法がユニーク。ターミナルと

なる大都市への格安航空券を買い、まずその都市へ行く。その後、その都市から出る特急列車に飛び乗ります。計画を立てず、気になる町があったら、さっと降りてその町を楽しむのだそうです。

そうして気ままにその国を回って、帰国の便に合わせてスタートした都市に戻ってくる。こうすると、訪れた町を真剣に味わうこともできるし、観光地ではない地元の生活を味わうことができるというのです。

こうして新しい世界に新鮮な形で出会うことが、自分R&Dへとつながっていくのです。

## TIME HACKS! 54 時間投資はファンダメンタル重視でいく

二〇%の時間を投資する、ということをおすすめしましたが、次に問題となるのは「何に」投資するかということ。投資銘柄の選定を見誤ると、せっかくの投資も無駄になってしまいます。その選定方法には、株式投資といっしょで、**ファンダメンタル投資**と**テクニカル投資**があります。

ファンダメンタル投資というのは、企業の財務状況や実態を把握したうえで、長期

| | ファンダメンタル | テクニカル |
|---|---|---|
| 投資期間 → | 長期 | 短期 |
| 流行 → | 左右されない | 敏感に反応 |
| リスク → | 一般的に低い | 一般的に高い |

的な視点で投資を行っていくことです。ビル・ゲイツに次いで、世界第二位のお金持ちであるウォーレン・バフェットが実践していたということで有名な投資方法。実体の伴《ともな》った企業は、たとえ一時的に人気がなくなって株価が下がったとしても、長期的に見れば一定の成長を遂《と》げていく。だから、株価の短期的な値動きは気にせず、長期的に投資をするべき、というもの。

一方、テクニカル投資は、短期的な値動きで利益を上げる方法。株の値動きを分析して、株価を予測。短期的に利益を確定して売り抜く方法です。

**時間投資の場合は、ファンダメンタル重視が基本**になりそうです。一時的な流行に流されない長期的な投資は、長期的なリターンにつながります。たとえば、英語を学んでおくことは、短期的にリターンがなくても、もしかしたら長期的に大きなリターンがあるかもしれません。

ちなみにアメリカにいたときには、よく冗談で、英語がネイティブ並みに話せるようになるなら、いくら払ってもいいか、なんて話もしていました。聞いた話では、三〇〇〇万円くらい払ってもいい！　という人もいるそうで、ネイティブ並みの英語という「投資対象」は、それくらい、リターンを感じる人もいるわけです。

僕の例でいえば、二〇一一年からインプロ（即興劇）を学んでいます。インプロ自体は、ずいぶん前から日本に紹介されてきていますが、ビジネス分野ではまだまだ普及していません。ブレイン・ストーミングをするときにも、即興力が求められるように、ビジネスにおいても必要となってくるスキルだろうと思っています。

こうした即興力のような基礎力もまた、短期的に評価を得られなくても、長期的には確実なリターンをもたらしてくれます。

TIME HACKS! 55

## 投資によるリターンはインカムゲイン

さて、こうした投資によってどのようなリターンが得られるのか、そのリターンの計算方法を考えてみたいと思います。

投資のリターンの種類には、大きく**キャピタルゲイン**と**インカムゲイン**があります。キャピタルゲインは、たとえば株を購入して、その株が値上がりしたときに売って手に入れる利益。バブルのころには土地も株も値上がりし、多くの人がキャピタルゲインを手に入れました。

一方のインカムゲインとは、たとえば貯蓄をしたり国債を購入したりして受け取る利息などの利益のこと。一般的に、キャピタルゲインのような大きな収益にはなりませんが、リスクは低いのが特徴です。

**時間の投資のリターンは、基本的にはインカムゲイン**となります。自分自身を売り払ってしまい、自分自身とサヨナラすることはもちろんできませんので、キャピタルゲインのような利益は上げられません。一瞬で自分自身を売り抜かなければならない人気商売などは、ある瞬間だけ切り取るとキャピタルゲインを得る瞬間もありますが、人気が落ちたあとは……。結局、「株価」も下がり、等身大の自分に戻ってしまいます。結局、長期的なインカムゲインをベースに考えなければならなくなります。**インカムゲインを見据《みす》えた場合、長期運用となりますので、一〇年などの長いスパンで考える**ことになります。

仕事をがんばって、次の年五%昇給したとします。それは、あなたへの評価、つま

労働のインカムゲイン的考え方

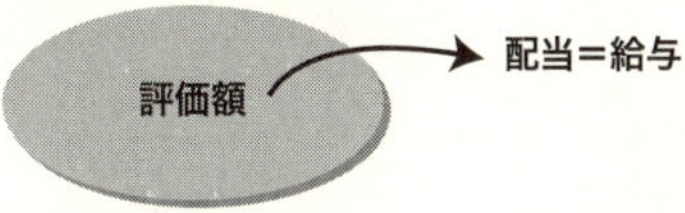


労働のキャピタルゲイン的考え方

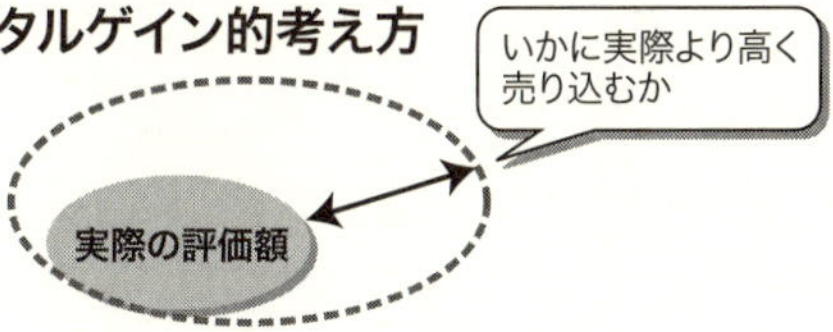


り資産の評価額が五％高まって、それにもとづいて支払われる配当が五％増えたということを意味します。

　自分の評価額を長期的に高めていくことによって利益を増やしていく。これが、時間投資におけるインカムゲインの考え方です。

　このインカムゲインですが、若いうちほど将来の回収期間が長くなるので、それだけ投資効果があります。逆に年を取ってからは、投資をしても回収できる見込みがなくなってくるので、時間を投資しようというモチベーションがどうしても下がってきてしまいます。

　たとえば、ビジネススクールの留学は二〇代後半から三〇代前半に行うのが主流ですが、その理由のひとつとして、この時期の投資であれば長期間かけて回収することができるということがあります。仮に二〇〇〇万円かかったとして、一〇年で回収するためには年二〇〇万円の増収が必要ですが、三〇年であれば七〇万円で回収可能です（注17）。

若いうちの一年と、年を取ってからの一年とでは、将来の回収期間という点でまったく価値が異なります。それだけ、**若いうちは将来を見越した時間の投資が重要なのです**（注18）。

NOTE

注17　ここでは現在価値への割引は無視しています。

注18　一時期、不動産投資について勉強していたとき、このインカムゲインを重視することの重要性がしきりにいわれていた。「これは、自分への投資も同じだな」と思い至った。

TIME HACKS! 56

## プロジェクトの費用対効果

大きな会社に勤めていると、こうした時間あたりのコスト感覚がどうしても鈍《にぶ》ってしまいます。僕の場合、それなりの規模の会社に勤めていた経験もあり、独立をして個人事業主としての経験もあります。後者の場合、自分の時間の使い方がそのまま収入の源泉となるため、自然と時間あたりのコスト感覚が鋭《するど》くなります。

どれが利益を出していて、どれが利益となっていないか。これをそのプロジェクト

**プロジェクトの費用対効果　4つのタイプ**

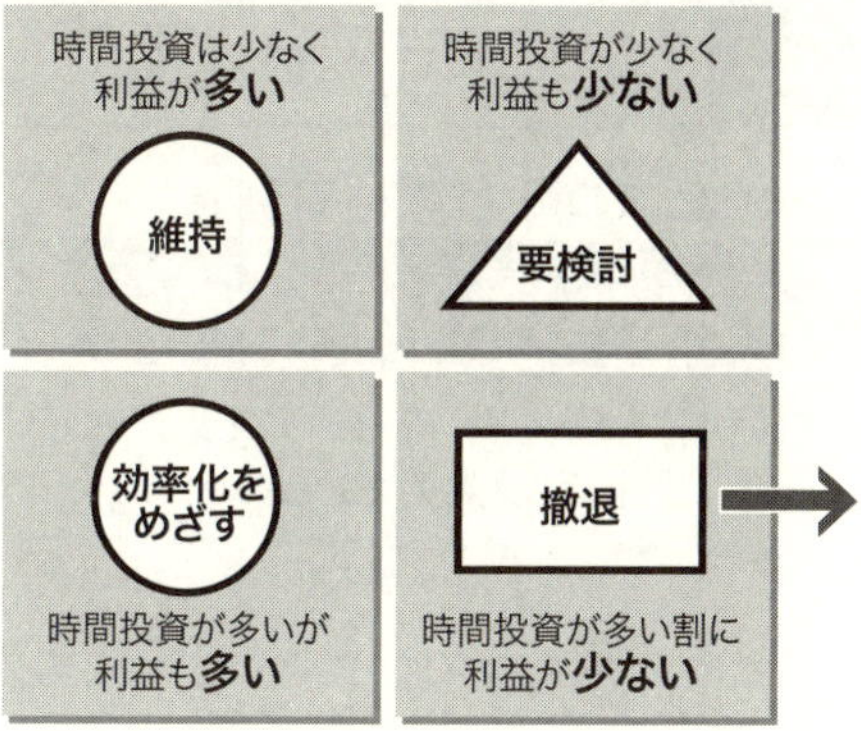


のために費やしている利用時間を考慮しながら、チェックしていきます。費やしている時間を計上するには、第二章「スケジュールハック」で紹介した「Toggl」を使うといいでしょう。費やした時間と、そこから上がっている収益を比較していくのです。

　こうした検証をしていないと、見た目に利益を上げていても膨大な時間が費やされていて、時間あたりの収益が低いということが起こりえます。フリーランスとして仕事をする場合には、この手の手間のかかる仕事をいかに断るかが、頭を悩ます問題だったりします。

　ただし、手間のかかるプロジェクトを、何も考えずに切り捨ててしまってもよくありません。もしかしたら、一見手間がかかってい

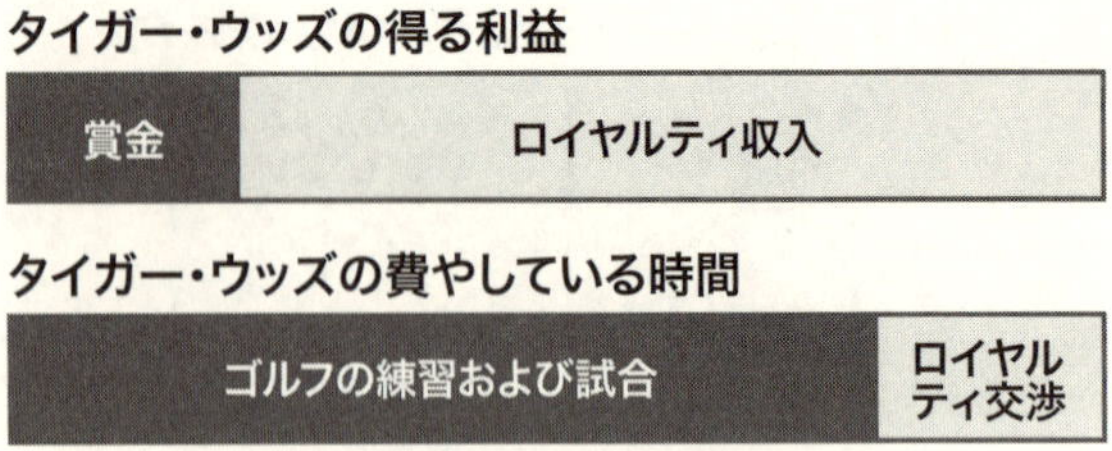


時には利益を度外視してもコアコンピタンスには、
時間を投資する必要がある。

たとしても、自分のキャリアにとって重要なものかもしれません。とくに、それがあなたのコアコンピタンス、つまりメインのスキルにかかわるものだとしたら、切り捨ててしまうことによって、ほかのプロジェクトも失ってしまう可能性すらあります。

　たとえば、プロゴルファーのタイガー・ウッズの例を考えてみましょう。彼の収益の多くは、商品のロイヤルティやスポンサー契約であり、それに比べると実際のゴルフの賞金はそれほどでもありません。かといって、商品開発やスポンサー獲得に集中してゴルフの練習をおろそかにしたら、本末転倒《ほんまつてんとう》。ゴルフのへたなタイガー・ウッズにスポンサーがつくはずもありません。たとえ、直接的な利益は少なくとも、ゴルフの練習に集中すべきなのです（注19）。

　僕のかかわっていた広告業界も同様でした。利益のほとんどが、クライアントの使う広告媒体費のコミッションから来ていました。逆に広告クリエイティブは、費用ばかりかかって赤字。だからといって、クリエイティブの手を抜いてしまっては、ゴルフのへたなタイガー・ウッズになってしまうのです。

当たり前のように思えるかもしれませんが、リストラでコアコンピタンスの事業を切り詰めてしまい、凋落《ちょうらく》していく企業も少なくありません。これは、個人であっても同じことです。コアコンピタンスとなるところへは、しっかりと時間をかける必要があるのです。

**NOTE**

注19　タイガー・ウッズのアナロジーは、ジェフリー・ムーア著『ライフサイクルイノベーション』（翔泳社）を参照。ジェフリー・ムーアは、テクノロジーマーケティングのバイブル『キャズム』（翔泳社）の著者でもある。

TIME HACKS! 57

## 職場の近くに引っ越す

時間の無駄遣いのひとつに、通勤時間があります。もし職場へ往復三時間かかっているとしたら、月に六〇時間、年間七二〇時間もの時間を通勤に使っていることになります。仮に自分コストが時給三〇〇〇円だとすると、通勤に二〇〇〇万円以上を費やしている計算です。

僕は極力、職場へは三〇分で行けるところに住むようにしています。往復一時間です。これによって、先ほどの往復三時間の場所に比べて二時間分の節約になります。自分コストを一時間三〇〇〇円で計算すると、一日六〇〇〇円、一ヵ月一二万円もの節約に。すごく乱暴にいうと、**一二万円余計に払ってでも、近くに住んだほうがいい**、ということになるわけです。

ただ、この前提となるのが、通勤時間には何もしない、ということ。実際には、本を読んだり新聞を読んだりできるわけで、これを考慮に入れれば、長い通勤時間も悪くありません。新入社員には通勤時間の長い場所へ引っ越すようにすすめて、通勤時間に本を読むようアドバイスする人もいます。

もうひとつ、ここには前提が潜《ひそ》んでいます。それは、時間を節約した分、収入が増えるという前提です。一二万円分の通勤時間を節約すれば、その分、収入が増えるから家賃の高い場所に住んでもいい、という議論ですが、おわかりの通り、実際には通勤時間の分がそのまま増収になるわけではありません（ちなみに、フリーランスという立場だと、そのまま増収につなげられる可能性が高まります）。

そこで必要となるのが、節約した時間で稼《かせ》ぐ方法です。

TIME HACKS! 58

## 「週末起業」という方法

節約した時間でお金を稼ぐ方法として、週末起業という言葉が流行しました。週末の時間を利用して、本業とは別の仕事をやってお金を稼ぐというもの。

ただ、企業の副業禁止規定に引っかかるので、なかなかおすすめしにくいものです。もし理解のある会社であれば、許可を取ったうえでやってみてもいいかもしれません。

僕自身は、アメリカにいるときに、翻訳サービスとインディアンジュエリーの販売事業を立ち上げました。翻訳は、インターネットで注文を受け、翻訳作業は外部の翻訳者へ依頼していました。インディアンジュエリーは、アリゾナで直接買いつけたものを、インターネットで販売していました。

いずれも、そこそこの売り上げにはなりましたが、そこで発生する責任などを考えると負担が大きすぎ、結局翻訳サービスは休止。インディアンジュエリーのほうは、サイトの宣伝そのものをやめてしまいました。

**ビジネスはやはり、本気でやらないとなかなか成功しませんし、そのためにはそれ**

**相応の時間が必要**です。そのため、個人的な意見ですが、週末起業についてはちょっと消極的です。いうほど簡単ではないことが多いからです。それでもやったほうがいい場合があるとすれば、それがお金だけでなく、経験につながる場合です。

たとえば、先の翻訳とインディアンジュエリーの販売サービスについて、いいことも悪いことも含めて、さまざまな経験を得ることができました。ネイティブアメリカンに会いに行って話を聞いたりするなど、得がたい経験もたくさんできました。

もし、純粋にお金を稼ぐのであれば、投資という方法もあります。これもまた、調べることに時間がかかります。投資するためのお金は必要になりますが、情報を集めれば集めるほど有利になるはずですから、時間をお金に換える方法としては悪くないです。

ただ、ここでの経験がほかに生きるかどうか。起業の経験も含めて、そこはその人の考えかた次第です。

TIME HACKS! 59

## 自宅時間をグレーに塗りつぶす

こうやって時間投資に熱中していくと、プライベートの時間がどんどんなくなっていきます。お金を投資に回すのはとてもいいことですが、だからといって楽しみに使わないのも問題です。なにごともバランスが肝心です。

僕は持ち時間を視覚で把握するために、**自宅時間をグレーで塗《ぬ》りつぶしておく**ようにします。具体的にいうと、平日は夜八時から朝七時までを塗りつぶします。これをやると、自分の持ち時間に制限があることがパッとわかります。

逆に、これをやっていなかったころは、スケジュール帳を眺《なが》めていて、時間が二四時間すべて使えるかのような錯覚《さっかく》を覚えていました。グレーに塗りつぶすことによって自分の持ち時間を把握できるのが、このハックのポイント。

実際にやってみると、持ち時間が意外に少ない印象を受けるはずです。そうやって時間に区切りをつけていく。時間の浪費を防ぐための大切なポイントです。

また、この時間をグレーに塗りつぶしておくと、この時間に仕事をする場合にちょっとした抵抗感が出てきます。

仕事に熱中するのもいいですが、やはり家族との時間や自分自身の時間も重要です。視覚的にそうした時間を認識しておくことで早めに仕事を切り上げ、家庭不和を防ぐこともできる、かも。

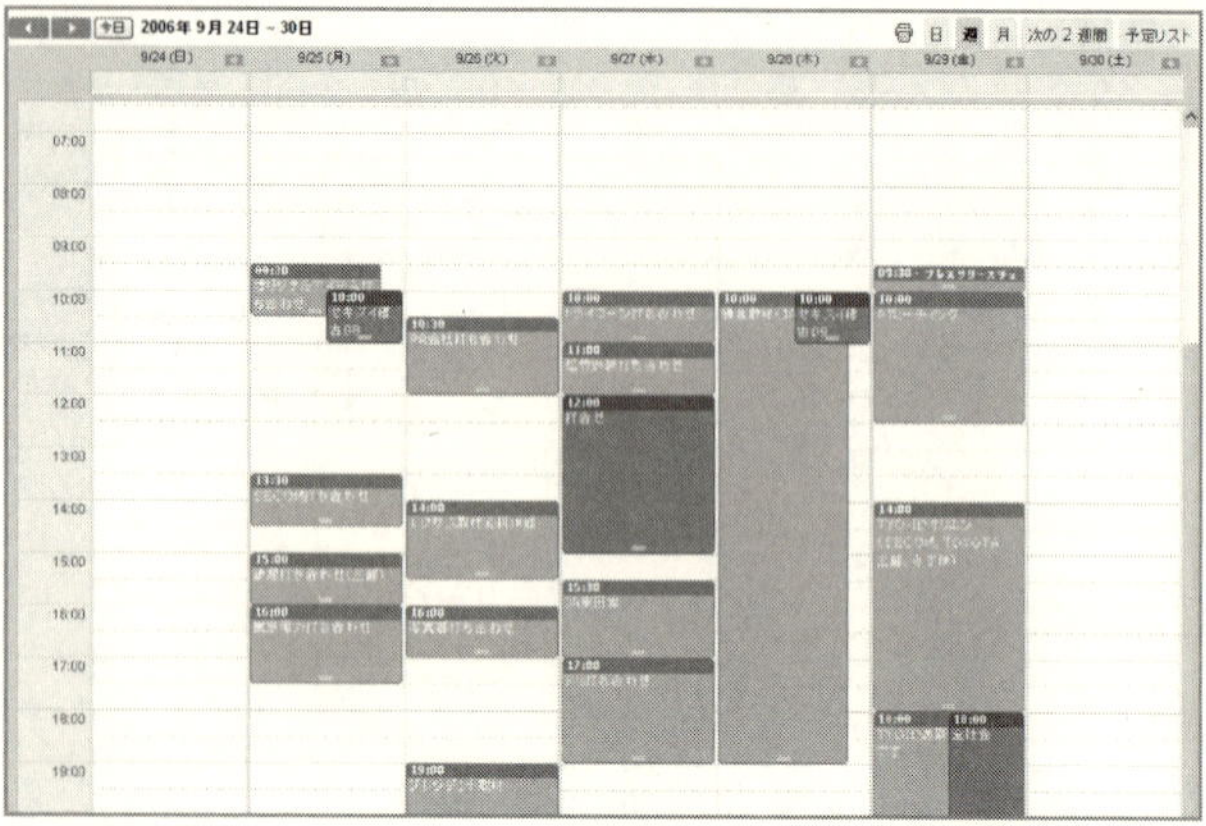


自宅時間を記入していない状態。まだ時間が余っているような錯覚を覚えるが……。

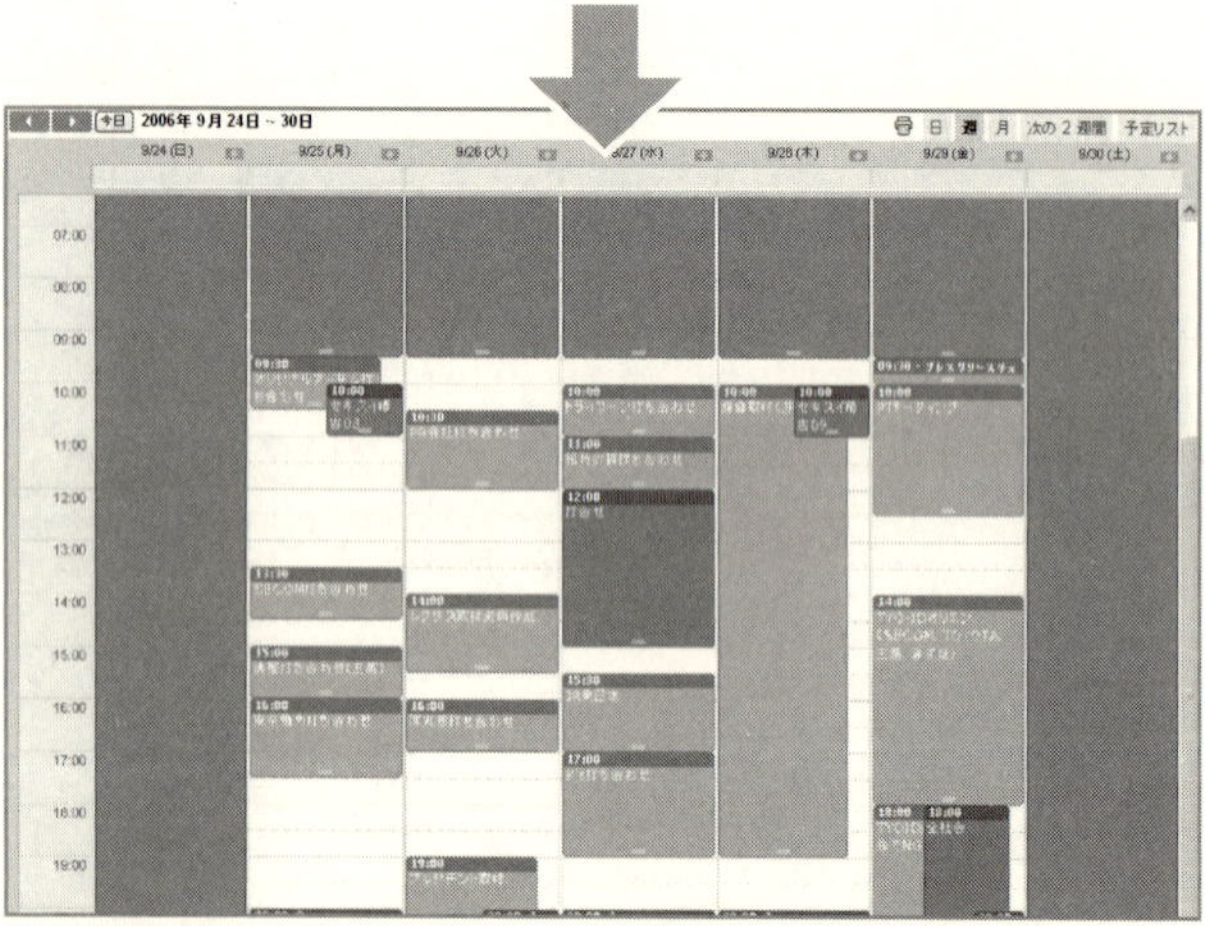


自宅時間をグレーに塗りつぶすと、実際にはほとんど時間が残っていない。残り時間を意識するには、面積として時間を把握するのが一番。

TIME HACKS! 60

## 八割仕上げ、二割は余白

企画をつくるときに、八割の出来であれば比較的短期間につくることができます。ところが残り二割を仕上げるのに時間がかかる。こだわればこだわるほど、残りの二割がどうにも完成しない。誰しも、そういう経験をしたことがあるかと思います。

一人で仕事をしているのであれば、それでもOKです。どんどん時間をかけていけばいい。

ところが、仕事は複数、ときに大勢でやっています。二割にこだわるあまり、時間をかけすぎては、スケジュール進行に影響が出てきます。しかも、二割を完成させてしまったがゆえに、企画の融通《ゆうずう》がきかなくなってしまうこともあります。

ヌフカフェ（neuf cafe）という喫茶店は、八割できた段階でお店をオープンするといいます。残り二割は、入ってきたお客さんの様子などを見ながら徐々に完成させていくのだとか。お客さんとの関係性を考えた場合、そういう**余白を持っておくことで、喫茶店としての魅力を高めることができる**わけです（注20）。

また、インターネットの世界でも、ベータ版でまず公開しておいて、そこでのフィードバックを受けながら公式リリースへ持っていくという方法がとられています。これも、利用者との関係を重視した場合には、完成度をむしろ高めすぎないことが重要になります。

インターネットのウェブサイトも同じです。いくつかサイトをプロデュースしてきましたが、ポイントは二割の空白。完成度を高めすぎず、むしろ多少、「あばた」があるくらいがいい。近寄りがたさではなく、親近感のあるウェブサイト。訪問してくれるお客さんとの関係性を考えれば考えるほど、そういう視点が重要だと思っています。

話は戻って企画の完成度。時間を節約するという点でも、**まず八割の完成度で提案する**。そして、それは何も後ろ向きの話ではありません。むしろ余白を残すことによって、企画の魅力が増すのです。

NOTE

注20　武田《たけだ》康伸《やすのぶ》著『ヌフカフェはなぜ潰れないのか』（河出書房新社）。

TIME HACKS! 61

## シンプルに考える

こうした投資決断にかかる時間を減らすには、選択肢をどんどん減らしていく、いわば「捨てる技術」が必要になります。**戦略とは「捨てること」である**といい切る人もいるほどです。

従来はこの逆でした。むしろオプションを増やすことのほうが重要で、戦略は「より多くのオプションを持つ」ことを重視していました。今でももちろん、交渉事などではこの原則はあてはまりますが、戦略策定においてはむしろ、捨てる判断のほうが必要になってきています。

というのも、さまざまな関係者がつながっていく現代においては、オプションを増やそうとしなくても、勝手に増えていく部分が多いからです。それまでは企業が一社でやらなければならなかったことも、今では企業同士のコラボレーションで実現してしまう。そういう時代においては、オプションを増やして逡巡《しゅんじゅん》している間に、ほかの企業が先駆《さきが》けて実現してしまい、結局乗り遅れる、なんてことも起こります。

これはオセロと将棋の違いにも似ています。

オセロは、「挟《はさ》んでひっくり返す」というシンプルなものなので、将棋に比べると複雑さは少なくなります。そのため、オセロで勝とうとすれば、置ける場所を増やしていくような手を打ち続ければいい。たとえば、AとBというふたつの手のうち、A

だと次に打てる場所が五つへと増え、Bだと三つに減るという場合、Aに打ってオプションを増やしておけば間違いはないわけです。

ところが、将棋だとこれが反対になります。**オプションが増えれば増えるほど複雑性が増し、迷いが生じてしまう**のです。

棋士が劣勢の場合、あえて相手に多くのオプションを与えて迷わすことがあるといいます。そうすると、思わぬところでミスを犯《おか》してしまう。選択肢が多ければ多いほど迷い、間違いを犯してしまうのです。勝っている側は、そのためできるだけシンプルに打とうとします。

ビジネスの世界も、いわばオセロ的な世界から将棋的な世界への転換が生まれています。

これまでは、強大な一社がオセロの駒《こま》をひっくり返すように、事業の拡大を狙《ねら》っていけばよかった。ところが現代では、一社でそういう事業展開を成功させるのは難しくなってきている。プレイヤーは多くなり、その結果、判断するために検討しなければならない要素が膨大になってきている。**単純なオセロから複雑な将棋の勝負へと変わってきている**のです。

個人の場合もそうです。英語を学ぶ目的を、あれもこれもと考えるよりも、シンプルに「海外で活躍している自分をイメージする」というほうが、モチベーションが高まるということがあります。

将来のリターンを正確に計算して、そのリターンをインセンティブにしようとしても、予測のつかない世界では、それが実現するかどうかはわかりません。もっとシンプルに、自分をモチベートしたほうがいいのです。

そうした投資が、結果的にさまざまなリターンをもたらすことはあります。予測ができない時代においては、こうしたリターンさえも予測できません。思わぬ成果をあげられるのも、不確実性の高い時代の特徴です。

なので、できるだけシンプルに考える。複雑な社会だからこそ、そういう心構えが必要になります。

TIME HACKS! 62

## 効率と効果

時間をコストとして考えるとき、ちょっとしたジレンマがあります。

たとえば、時間をいったん経験というものに変えた場合、投資すればするほど、大きなリターンが来るかもしれないし、逆に投資が無駄になるケースもあります。もし無駄になる場合、効率よく時間を経験に変えても、そのこと自体が無駄になってしまいます。ピーター・ドラッカーは、無駄なことを効率よくやることほどバカげたことはないといいましたが、ここで考えなければならないのは、時間の効率よりも、**時間が生み出す効果**のほうなのです。

自分コストの算出についても同様です。ここでもやはり、時間効率だけではない部分がありました。ゴルフの練習とタイガー・ウッズの収益の問題です。ゴルフの練習は、それ単体で見ると必ずしも効率はよくないけれども、全体として効果を上げているということ。このように、**部分だけ見て効率を追求すると、どうしても全体としての効果を見逃してしまいます**。そして、個人とチームの関係においても同じようなことが出てきます。

たとえば、個人としての効率を追求するあまりに、チームとしてパフォーマンスを上げられないケース。自己中心的な行動によって、全体の利益が損《そこ》なわれる場合があるわけです。

効率と効果というふたつの要素について、次の「チームハック」では、個人とチームという関係の中で考えてみたいと思います。

# Chapter5

Title

# チームハック

Sub Title

## 足し算とかけ算

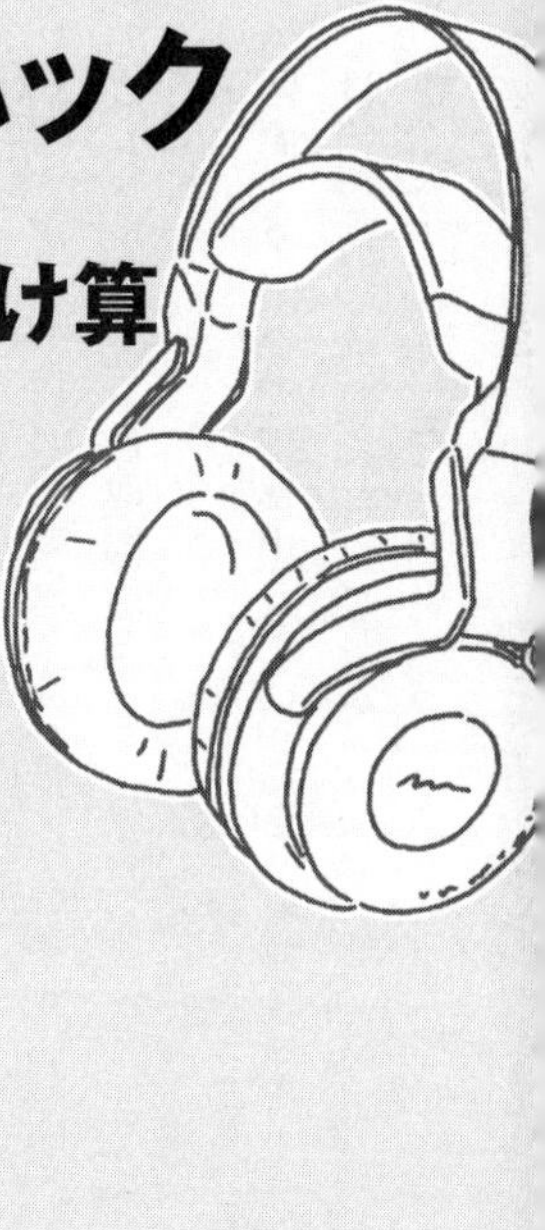

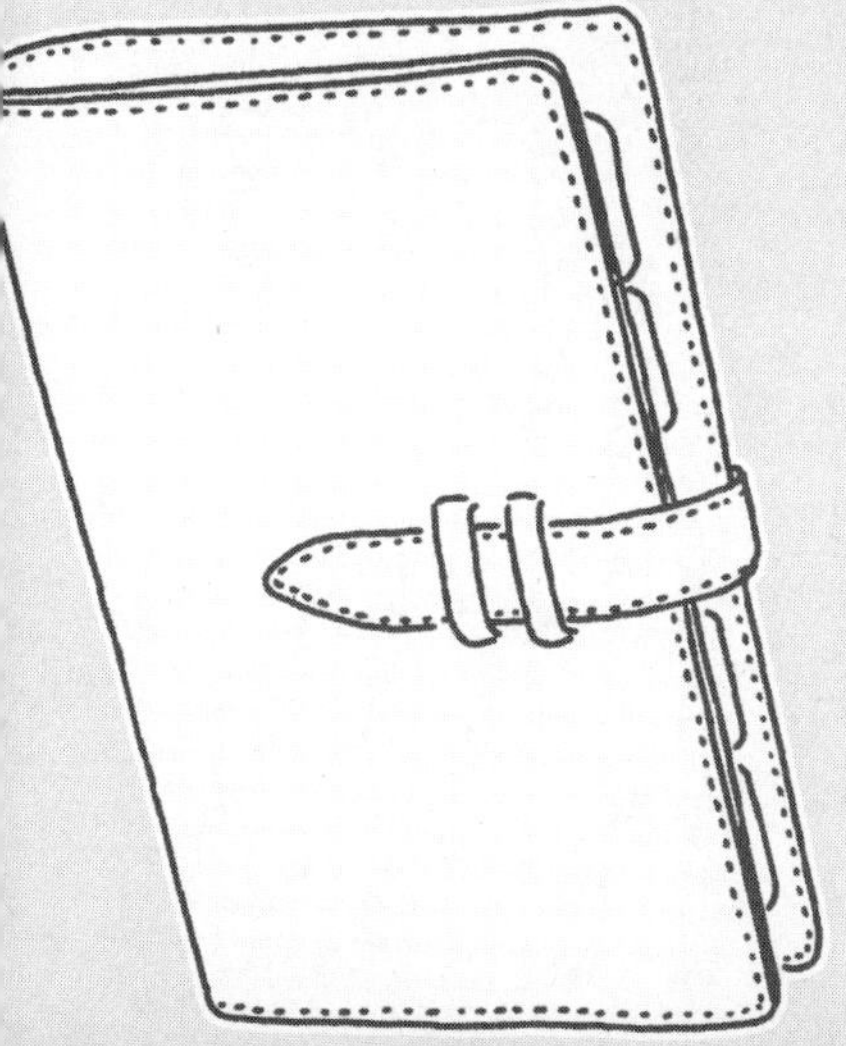

TIME HACKS! 63

# MindManager でガントチャートづくり

チームでのスケジュール管理に欠かせないのが、**ガントチャート**。さまざまなタスクや人員が縦軸に並び、横軸が時間軸となって、いつ、どういう作業がスタートし、どういう作業が終了するのか、整理して確認するための工程管理表の一種です。

このチャートは、Microsoft Project でつくったりします。ただ、ちょっと価格が高いのと、機能が多くて使いこなすためには知識も必要であるため、おすすめしません。

その点、マインドマップ（注21）をつくるソフトである **MindManager** の **Windows 版**（注22）のガントチャート作成機能は、非常に使いやすいです。バージョン9からは、標準でこのガントチャート作成機能がつきました。

まず、マインドマップの要領でタスクを書き出していきます。マインドマップとは、思考の流れに従って放射状にものごとを書き出していく方法。これだと、思いつ

**NOTE**

注21 「マインドマップ」は、英国 Buzan Organisation Ltd. の登録商標です。

注22 http://www.mindjet.com/

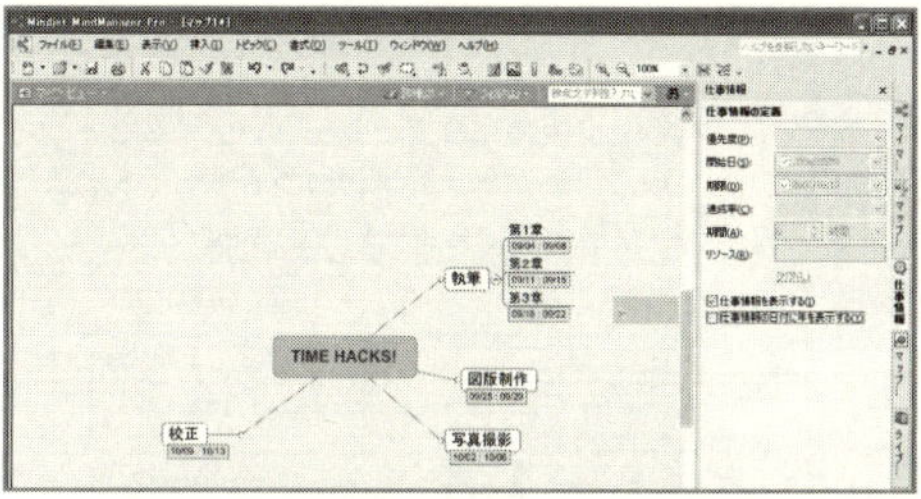


マインドマップの要領でタスクを書き出し、期間を入力し、ガントチャート表示させるだけ。

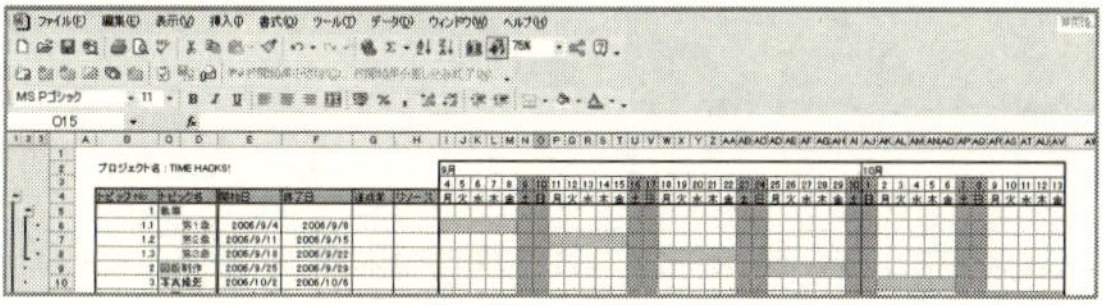

Excel Export を選ぶと自動的にガントチャートが作成される。

いたタスクから適当に入力していくことができます。そのうえで、ある程度グループにまとめてやると、全体のタスクの数が見えてきます。

さらに、それぞれのタスクに、作業開始時期と終了時期を入れていきます。タスクBはタスクAが終わったあとでないとできない、などというようなタスクの前後関係に気をつけながら、入力します。

その入力が終わったら、ガントオプションから、ガントチャートで表示を選んでください。これだけでガントチャートができあがります。難しい作業もないので、誰でもすぐにガントチャートをつくることができるでしょう。

こうしたガントチャートを手軽に作成で

ガントチャート（下）を作成できるハック手帳（上）。
ハック手帳は、プロジェクトタイムラインというページで、簡単にガントチャートを作成することができる仕組みになっている。

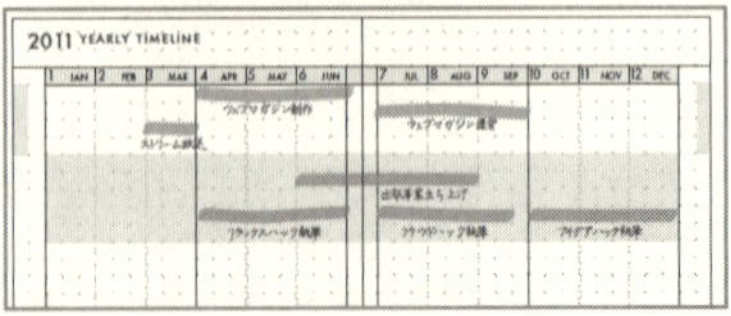


きるようにと、コクヨS&Tと開発した**ハック！手帳**では、プロジェクトタイムラインというページを加えました。蛍光ペンなどの太めのペンで線を引いていくと、MindManagerのようなアプリを使わなくても、簡単にガントチャートが作成できます。

TIME HACKS! 64

## ファイル共有ハック

チームでのスケジュール共有に加えて、ファイルの共有も重要な課題です。チームでのファイル共有においては、個人のときにも増して、時間軸での管理が重要になってきます。

そこで、ファイルのネーミングルールを徹底します。**「プロジェクト名＋ファイル内容＋日付」というルール**で運用するのが一番間違いないようです。名前順に並べ替えると、プロジェクトごと、書類ご

ファイルは Dropbox などのクラウドサービスを使って共有する

とに並び、さらに最後の日付によってアップデートされた順番に並びます。

これらも、個人個人が勝手にファイルを上げていくと必ず問題が起こります。必ずしもすべてのファイルを共有する必要はないのですから、共有する必要のあるファイルだけ、ファイル管理の担当者が名前をつけて共有のハードディスクに上げていきます。ファイル共有については、担当者を決めてルールを徹底することが重要です。

こうしてルールに基づいて名づけられたファイルは、**Dropbox** や **SugarSync** といったクラウドサービスで共有するようにします。アプリケーションを各自のパソコンにインストールし、共有フォルダを設定してファイルを共有するのです。

単にフォルダを共有するだけでなく、その下準備とし

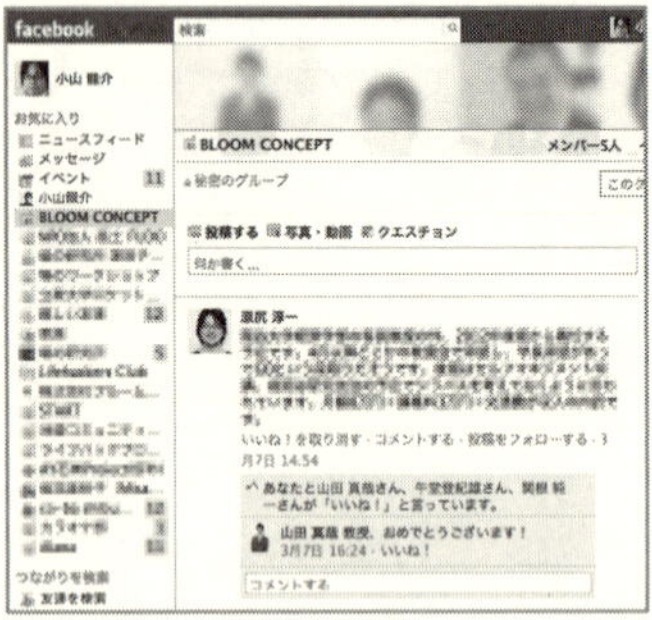

Facebookを使って、チーム内でのコミュニケーションを円滑に行う

てファイルのネーミンググルールを徹底する。

スケジュールもそうなのですが、信頼できない情報が増えれば増えるほど、共有の意味はなくなります。むしろ共有されないほうがいいくらい。だから、共有するファイルも最小限にしておいて、必要があるときだけ更新するという方針を取るのがベストです。

TIME HACKS! 65

## Facebookによるコミュニケーションハック

チームでのコミュニケーションで重要なのは、情報が適切に共有されるということ。掲示板やメーリングリストなど、さまざまなツールを使ってみましたが、**Facebook**が一番使い勝手がいい。

掲示板は能動的に見に行かなくてはいけないので、ついつい見なくなってしまいますし、メーリングリストは受信するメールが膨大になってしまい、読む側の負担が増えます。その点、Facebookであれば、メッセージがツリー状につながり、やりとりが追いやすく、あとからまとめてチェックすることもできます。具体的には、Facebook上にグループをつくり、メンバーをそこに登録。さらに、セキュリティを「秘密」にして、他人に見えないようにしておきます。

企業向けには、セールスフォース・ドットコムのChatter《チャター》などのサービスがあるので、そうしたツールを導入するといいでしょう。コミュニケーションの効率がアップします。

## TIME HACKS! 66 領収書の日付は昇順にして貼る

企業では、仕事は分業され、業務の専門化が行われます。たとえば、営業、製造、経理、財務、経営、広報など、それぞれの部署で違った専門知識でもって問題に取り組みます。分業することによってより効率が高まり、収益を上げられるのです……。

なんて説明がすんなり通ったのは、昔の話。今ではこの**分業化の弊害が出てきて、かえって効率が悪くなったりしています。**

**一番の問題はスピードの低下。**分業されているがゆえに、コミュニケーションに時間がかかって仕事が進まず、結局、フットワークの軽い小さなベンチャー企業が、大企業に先んじたりということが起こっています。

これはなぜかといえば、ひとつには仕事が複雑化したからなんですね。

ある程度、仕事が定型化でき、それがしばらく効果を上げ続ける時代であれば、この分業化は効果的でした。

ところが今は、一度仕組みをつくったと思ったら、それが簡単にひっくりかえってしまう時代です。そんなときには、スピードのある決断が必要なのに、部署間のコミュニケーションで時間を費《つい》やしていたら、プロジェクトはとても進みません。

こうした時代には、変化しない部分についてはできるだけルーチン化していき、変化していく部分については、ルーチン化しすぎないようにして、柔軟に対応することが重要です。

まずルーチン化のほうを扱っていきましょう。**チームとして時間を効率的に使うには、ルーチンワークにしてしまうことが一番**です。とにかく、こう来たらこう対応する。こうしたルールを決めて仕事をすれば、仕事の効率は劇的にアップします。コミュニケーションは最小限で済み、「あうんの呼吸」でものごとが進んでいきます。

**ルーチンワークのポイントは、情報の一対一対応**です。ある情報が、あるひとつの

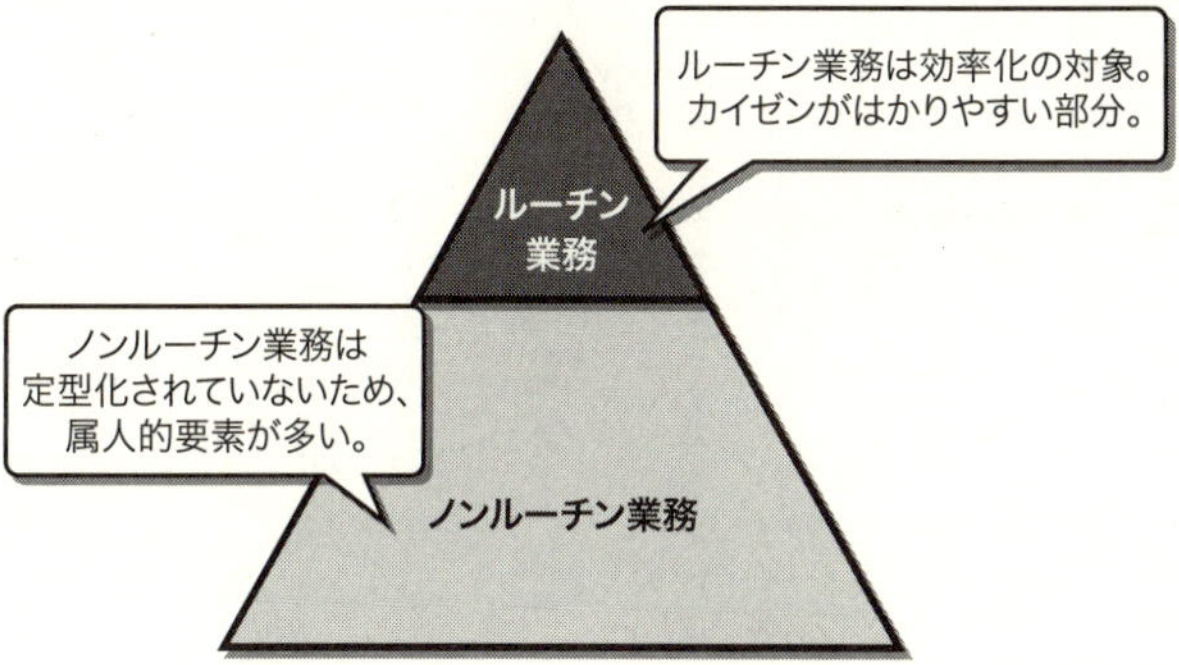
ルーチン業務は効率化の対象。
カイゼンがはかりやすい部分。
ルーチン
業務
ノンルーチン業務は
定型化されていないため、
属人的要素が多い。
ノンルーチン業務

情報へと結びついている。誤解の生じる余地がないということですね。この典型的な例が、経理です。

会社で経費の精算をするときには、必ず一定のルールがあり、そのルールに従って処理をしなければなりません。そのルールに従っていれば、たとえ会社内で顔を知らない人であっても、その書類の意味していることは理解できます。そして、ちょっとでもルールからはみ出ると、とたんに効率が下がってしまいます。

一枚の領収書を巡って、経理担当と電話でやりとりなんてこともざらです。こういうことがないように、たとえば領収書の貼《は》り方に関して、日付の昇順、降順まで、決まっていることもあります。

仕事を「あうんの呼吸」で進めていくために

は、いちいち考えて処理するのではなく、何も考えずに「そういうルールだから」と進めたほうがいい。だから、こういうルーチンワークをつくりあげていくといいわけです。

「意味」はありません。領収書の日付は昇順でも降順でもいいのです。ルールがある、ということが重要なんですね。

こういう仕事のルーチンを**「手続きモデル」**と呼びたいと思います。

## TIME HACKS! 67 コミュニケーションをフォーマット化する

**手続きモデルのポイントは、コミュニケーションのフォーマット化**です。何もいわなくてもわかる、という究極のコミュニケーション状況をつくり出すことが最終目標になります。

こうしたシンプルなコミュニケーションにもとづいた処理を大量に行っているのが、役所です。「お役所仕事」などと揶揄《やゆ》されたりもしますが、これはこれで、定型化された業務を処理していく効率という点で、学べることは少なくありません。

たとえば、「申請書」のようなフォーマット。住民票をもらいに行くと、簡単な書

## Google Documents

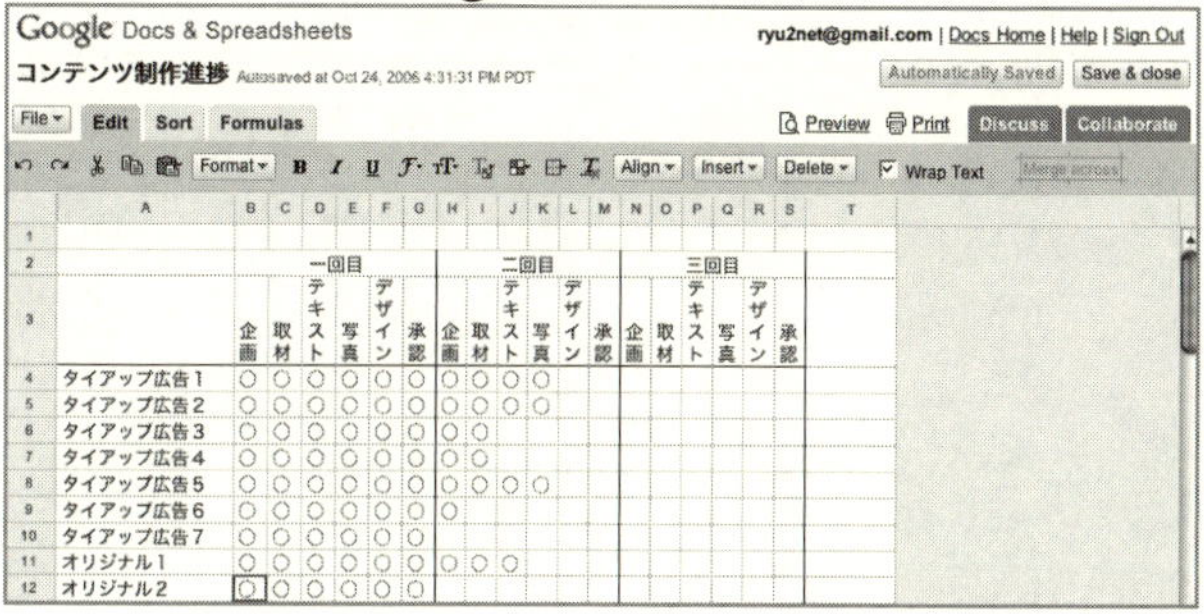


| | A | B | C | D | E | F | G | H | I | J | K | L | M | N | O | P | Q | R | S | T |
|---|---|---|---|---|---|---|---|---|---|---|---|---|---|---|---|---|---|---|---|---|
| 1 | | | | | | | | | | | | | | | | | | | | |
| 2 | | 一回目 | | | | | | 二回目 | | | | | | 三回目 | | | | | | |
| 3 | | 企画 | 取材 | テキスト | 写真 | デザイン | 承認 | 企画 | 取材 | テキスト | 写真 | デザイン | 承認 | 企画 | 取材 | テキスト | 写真 | デザイン | 承認 | |
| 4 | タイアップ広告1 | ○ | ○ | ○ | ○ | ○ | ○ | ○ | ○ | ○ | ○ | | | | | | | | | |
| 5 | タイアップ広告2 | ○ | ○ | ○ | ○ | ○ | ○ | ○ | ○ | ○ | ○ | | | | | | | | | |
| 6 | タイアップ広告3 | ○ | ○ | ○ | ○ | ○ | ○ | ○ | ○ | | | | | | | | | | | |
| 7 | タイアップ広告4 | ○ | ○ | ○ | ○ | ○ | ○ | ○ | ○ | | | | | | | | | | | |
| 8 | タイアップ広告5 | ○ | ○ | ○ | ○ | ○ | ○ | ○ | ○ | ○ | ○ | | | | | | | | | |
| 9 | タイアップ広告6 | ○ | ○ | ○ | ○ | ○ | ○ | ○ | | | | | | | | | | | | |
| 10 | タイアップ広告7 | ○ | ○ | ○ | ○ | ○ | ○ | | | | | | | | | | | | | |
| 11 | オリジナル1 | ○ | ○ | ○ | ○ | ○ | ○ | ○ | ○ | ○ | | | | | | | | | | |
| 12 | オリジナル2 | ○ | ○ | ○ | ○ | ○ | ○ | | | | | | | | | | | | | |

類を書かされたりします。ちょっと面倒ですが、それによって間違いがなくなり、結果的に効率も上がるわけです。

よく似た場所が、銀行の受付。こちらも、申請書を書いておくことで、効率を上げている例です。効率だけでなく、書類に残すことによる「記録の保存」という点でも効果的なやりかたです。

チーム内であれば、役所ほどフォーマット化する必要はありません。問題は、外部とのやりとり。そこで、まずは社外のパートナー企業との間でやってみるのがいいでしょう。

僕の場合、歌舞伎《かぶき》の

**NOTE**

注23 「歌舞伎美人《びと》」（http://www.kabuki-bito.jp/）。歌舞伎をテーマにして展開するインターネットメディア。読者が楽しみながら、企業のPRもできるブランデッドエンターテイメント。

インターネットサイト（注23）のプロデュースおよび編集をやっていたのですが、読み物をつくるときには、外部の編集プロダクションとのやりとりが煩雑《はんざつ》になっていました。そのため、そのやりとりをフォーマット化し、進行スケジュールも簡素化しました。こうした手続きモデルの導入により、管理に割《さ》かれる時間が削減されましたし、なにより、誤解やコミュニケーションミスが激減しました。

**こうした書類にぴったりなのが、エクセルなどのスプレッドシート。**必要な情報を埋めるシートをつくっておいて、記入してもらう。このプロセスを記録しておくという点でも、デジタルデータはあとから参照できて便利です。

このデータは、Google Documents（注24）で共有します。定期的にアップデートするように、これもルール化することで運用していきます。

> **NOTE**
> 注24　Google Documents はGoogle アカウントが必要になる。URLは http://docs.google.com/

## TIME HACKS! 68 「たいおせ」で「たいへんお世話になっております」

コミュニケーションのフォーマット化という話でいくと、**定番の文章を辞書に覚え**

## 使える単語登録

業務内容に合わせて単語登録を増やしていこう。

| | |
|---|---|
| たいおせ | ➡ たいへんお世話になっております。 |
| おつ | ➡ お疲れ様です。 |
| よろしく | ➡ よろしくお願いします。 |
| じゅうしょ | ➡ 〒107-xxxx　東京都…… |
| メアド | ➡ ryusuke_koyama@… |
| ごふめい | ➡ ご不明な点がございましたら、お気軽にお問い合わせください。 |

**させることも、効果の高いハックです。**

たとえば、僕のパソコンでは、「たいおせ」で変換すると「たいへんお世話になっております」。「よろしく」は「よろしくお願いします」。「ごふめい」とやると「ご不明な点がございましたら、お気軽にお問い合わせください」と変換されます。一度使い慣れると、もうあと戻りができなくなるくらい、便利です。とくにメールを書くときには、これがあるとないとでは業務効率が数段変わってきます。

こういうことも結局、コミュニケーションをいかにフォーマット化していくかということなのです。

「よろしくお願いします」を「よろしく」で変換しても、伝えたい情報は同じですし、伝わる情報も同じです。コンピュータ用語でいうプロトコル

（コンピュータ同士が通信を行うときの約束事）みたいなものです。**フォーマットを踏襲《とうしゅう》することで、コミュニケーション上のロスやミス、誤解を減らすことができるの**です。

「たいおせ、先日の件いかがでしょうか。ごふめい、よろしく」。こう入力するだけで、立派な返信メールになります。

## TIME HACKS! 69 ホップ・ステップ・ジャンプの三段階に業務を分ける

**手続きモデルは基本的に、リニア（直線的）なプロセス**になります。一をやって、次に二をやって、最後に三というように、いわば家電製品の取扱説明書のように、インストラクションに従っていけばできる業務。

だから、ある業務を手続きモデルに落とすときには必ず、一度リニアなプロセスへと変換してやる必要があります。その**基本となるのが、ホップ・ステップ・ジャンプの三段階**（注25）。

NOTE

注25　発想力を鍛えるISIS編集学校（http://es.isis.ne.jp/）ではこれを「三間連結」と呼び、このプロセスを身につけるために、いくつものホップ・ステップ・ジャンプをつくる「お題」を与えられる。

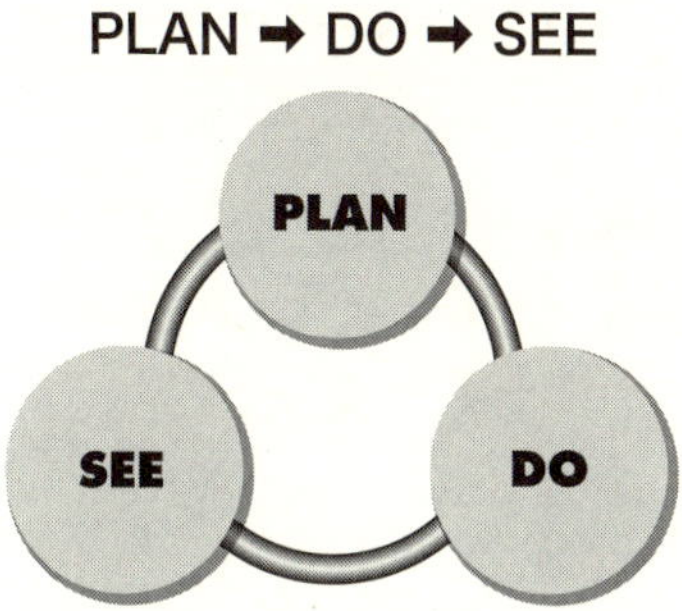


たとえば、個人の場合でもそう。ある手順を繰り返すのに、あるときは、A↓B↓Cとやっていたのに、たまにB↓A↓Cとやってみたりする。

僕自身はあまのじゃくなので、同じ作業をやっていると、ついついそういうことをやってしまいたくなるのですが、これがミスの原因になることが多々あります。個人であれば泣きを見るのは自分だけで済みますが、チームでの作業、パートナー企業との作業となった場合、こうしたミスは致命的ですし、効率低下の大きな原因になってしまいます。

先に挙げた編集プロセスにおいては、企画、記事制作、デザインの三つのステップに分けました。企画段階では、プランナーの人と作業を行い、記事の制作では必要に応じてイラストレーターやカメラマン、取材のコーディネーターと作業

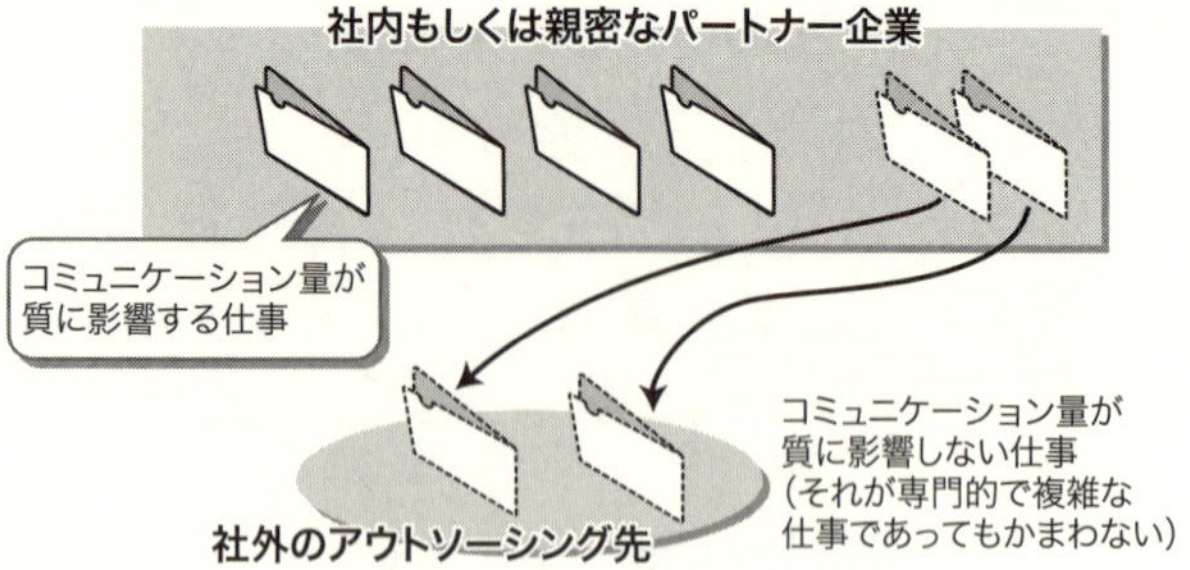


し、最後のデザインの段階ではデザイナー。ステップごとにかかわる人も変わります。

こうした三つのステップで有名なものに、PLAN→DO→SEEというものもあります。計画を実行し、最後に検証するというもの。プランニングの作業そのものは複雑ですが、実行して検証するまでの**ステップをまず三つに分けて、直感的に把握しやすくしておく**わけです。

## TIME HACKS! 70 ルーチン化できる仕事は、できるだけ社外に任せる

手続きモデルが成立するような部分は、実は、それほど濃いコミュニケーションが必要とされていないという点で、アウトソーシングも可能です。もしくは、アルバイトを雇ってやるべきことかもしれません。

このような、アウトソーシングをすべきかどうかは、その業務がコアコンピタンス（その企業ならではの能力）であるかどうかということもそうですが、実はそこで行われるコミュニケーションの質や量によっても、判断が異なります。**細かなコミュニケーションが必要な業務は、外に出すと結局、手間ばかりかかってコストは下がりません。コミュニケーションのいらない業務こそ、外に任せてしまったほうがいい**んですね。

このとき、「申請書」という基準で見てみるとわかりやすいです。

たとえば、典型的なアウトソーシング業務である荷物の宅配業務。この場合、各社に必ず送付状のフォームがあり、それを記入すれば、まず間違いがありません。この視点で考えると、申請書を書いてしまえばあとはお任せの業務というのは、アウトソーシング対象なのです。

合理主義の国アメリカでは、こうしたことが徹底していて、たとえば年末の確定申告は、インドにアウトソーシングする。計算だけなので、コミュニケーションの問題も起こりえない。**手続きモデルに適した仕事であれば、海を越えて依頼できる**のです（注26）。これによって、その仕事に費やしていた時間がすっかり空きます。**その分、付加価値の高い業務へと時間を費やしていけばいい**わけです。

こういう状況を考えると、たとえば社内でもアウトソーシングされないようにするには、ほかの部署とできるだけ豊かなコミュニケーションを保って、しかもコミュニケーションをもとに相手のニーズを満たすような付加価値を提供すべきだ、ということにもなります。

相手から何かいわれるまで待っていて、いわれてからようやく動き出し、しかもいわれたこと以上には何もやらない、なんてことをやっていると、アウトソーシングされてしまう社会になりつつあります。

そしてこれは、個人も同じ。「あいつ、いらないんじゃないか」なんていわれないようにするためには、ルーチンだけやっていてはだめなのです。

そこで出てくるのが、ノンルーチンの仕事への取り組み。次のハックでは、このノンルーチンの仕事に関する工夫を見ていきましょう。

NOTE

注26　トーマス・フリードマン著『フラット化する世界』（日本経済新聞社）を読むと、そうした状況が理解できる。英語圏の国であるアメリカは、一方でグローバルな競争にさらされやすい。国内のルーチンワークは、海外の安い労働力との競争となり、どんどんと価格が落ちている。一方、日本は日本語という「非関税障壁」のおかげで競争を免れている部分があるが、これがいつまで続くだろうか。

TIME HACKS! 71

## 「七人の侍」を社内から集める

ノンルーチンワークは、とにかくイレギュラーなことばかりが発生する、いわば戦闘地域。ルールがないんですね。そうした業務を、「手続きモデル」に対して、**「サバイバルモデル」**と呼びたいと思います。何が出てくるかわからない状況において、いかにサバイバルするか。そこにはルールも何もないのです。

しかし、そういうところでこそ、チームとしての本当の「戦闘力」がわかるもの。

その戦闘力において、もっとも優れた集団のひとつに、IDEOという会社があります。この会社は、常に新製品やサービスの開発を手がけているデザインファーム。彼らがいうには、サバイバルチームには一〇種類のスタッフ（「人類学者」「実験者」「花粉の運び手」「ハードル選手」「コラボレーター」「監督」「経験デザイナー」「舞台装置家」「介護人」「語り部」）が必要だとのこと（注27）。**ノンルーチン業務に対応するには、チーム内にさまざまなプロフェッショナルな知見が必要**になるのです。

社内のプロジェクトにおいても、そのプロジェクトが新しいものであればあるほど、できる限り多様な人材を揃《そろ》えたほうが不確実な状況に対応できるようになります。

たとえば、日産自動車が業績を回復した裏には、クロスファンクショナルチームの存在があったといわれています。部署を超えて多様性のあるチームを組むことができれば、何が起こるかわからない戦闘地域でも生き延びることができます。

映画を見ても、古くは黒澤明《くろさわあきら》の『七人の侍《さむらい》』から『スター・ウォーズ』、近年では『ロード・オブ・ザ・リング』などもそうでした。優れたチームには、さまざまな役割（ロール）を果たすメンバーが揃っています。そして、そこに集まったさまざまな力が結集されたとき、チームは最大限のパフォーマンスを生み出します。

しかし、多様なメンバーをまとめるのはとても困難です。それまで企業内で分業されていたものを統括していく「**分業の統合**」が必要になります。

この分業の統合をするためには、領域を超えた勉強が必要になります。

NOTE

注27　トム・ケリー、ジョナサン・リットマン著『イノベーションの達人！』（早川書房）。発想を生み出す会社の秘密が明かされる。天才一人で生み出すのではなく、チームとして発想を生み出すところに、IDEOのおもしろさがある。トム・ケリー、ジョナサン・リットマン著『発想する会社！』（早川書房）と併せて読みたい。

TIME HACKS! 72

# 知らない分野の本を一〇冊斜め読みする

この「分業の統合」がたいへん。まとめる人は、それぞれの業務に関して、プロフェッショナルとまではいかなくとも、素人ではない知見が必要になります。そのため、業務範囲や分野を超えて勉強しなければなりません。

自分がプレイヤーになる必要はないですが、その知識がどのような場面で効果を発《はっ》揮《き》するかを知らなければならない。バイオリンを自分で弾《ひ》くことはできなくても、バイオリンの音がどのようなものでどのように生かしていくべきかを知らなければ、指揮者にはなれないわけです。

**そのためには、短期間に知識を習得する必要**があります。その方法としてよくいわれるのが、**関連書籍を片《かた》っ端《ぱし》から読む**ということ。とくに入門の本を数冊読んでみると、大切なことが繰り返し出てくるので、それだけで覚えられます。

また、いくつか本を読んでいくと、専門知識の裏にある枠組みが見えてきます。それらは分野を超えて共通していることが多いので、「この分野でいう○○は、自分の分野の△△だな」と理解も早まります。音楽のたとえでいえば、バイオリンとサックスは、演奏の仕方の違いはあれど、音楽の理論において共通するものがあるということです（注28）。

僕自身、ビジネスの世界だけでとどまらない勉強を心がけています。この本でも、ビジネス以外のところから持ってきたアナロジー（類似）で説明をしています。

たとえば、ジャズやトランスなど音楽を例に出して説明してきましたが、これもまた、豊かな発想を導くための方法です。**音楽の世界の枠組みは、実はビジネスの世界にも適用できる部分も多い。**デビュー前に普通の会社で働いていたことがある歌手のスガシカオにインタビューして、「プレゼンテーションうまかったでしょ？」と聞いていた記事を読んだことがあるのですが、音楽センスとプレゼンのセンスは、共通するものがあるのです。

NOTE
注28　その業界を知るには、最新の情報を追うよりは、その業界が成立した歴史をたどるほうが早い。そこに、その業界の特徴も課題もすべてが詰まっている。現在の広告業界がテレビの媒体料で支えられている構造とその経緯を知ったほうが、なぜインターネット広告が「破壊的」なのかが見えてくる。

TIME HACKS! 73

## 相性の悪い人をチームに入れる

**ハーマンモデル**という大脳生理学にもとづいた思考のクセを判定する方法がありま

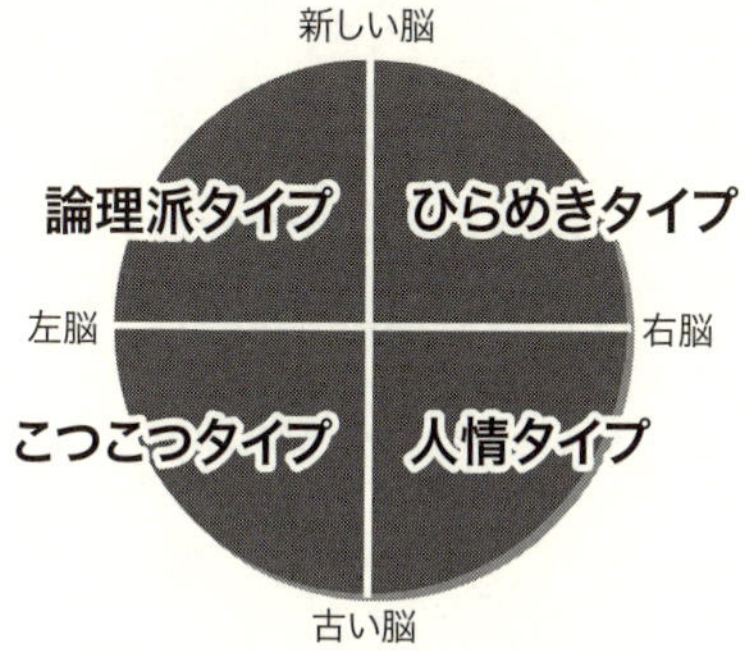


＊正反対の位置にあるタイプとは相性がよくない

す。これによれば、脳は四つの部分に分かれ、それぞれ次のような特徴があるのだとか。

**①新しくて、右脳的な脳＝ひらめきタイプ**

僕は個人的にここの部分が優勢だという判定を受けました。ひらめきでものごとを考えるので、論理は飛躍《ひやく》するし、ほかの人から見ると、とてもついていけないことが多々ある。芸術家タイプ。足下をすくわれやすい。

**②新しくて、左脳的な脳＝論理派タイプ**

論理をきちっときちっと積み上げて考えるタイプ。コンサルタントが典型的にこのタイプですね。感情を理解しないので、人の感情を逆撫《さかな》でしやすい。

### ③古くて、右脳的な脳＝人情タイプ

古い脳は保守的なタイプです。そこに右脳的な要素が加わって人情に厚い思考タイプが生まれます。このタイプは論理よりも人情で動くので、論理派タイプと相性が非常に悪い。

### ④古くて、左脳的な脳＝こつこつタイプ

こつこつとやるタイプ。プロジェクトの進行管理のスタッフによくいるタイプで、組織にはなくてはならない人材。でも、ひらめきタイプとの相性は非常に悪い。ひらめきタイプのいっていることは突拍子《とっぴょうし》もなく聞こえるし、ひらめきタイプで、こつこつタイプの融通《ゆうずう》のきかないところにイライラ。

チームには、この四つの思考すべてが必要になります。ひらめきだけではなく、それを実現するためにこつこつやることも必要ですし、論理だけでは人は動かないので、そこに人情が必要になる。

思考のクセが反対の人は、苦手意識があると思います。しかしそこを我慢して、相手を尊重してプロジェクトを進めていくところに、チームの生み出す新しい化学変化

があるはずです。

チームハック、とくにノンルーチンのプロジェクトにかかわるときには、このように**「どのようにやるか」というハックの前に、「誰とやるのか」というハックが重要**になります。

個人的に僕は、ひらめきタイプと論理派タイプの組み合わせなので、どうしても人情タイプやこつこつタイプを理解しづらいところ、苦手なところもあるのですが、そこはなんとか受け入れないといけない。そのあたりの度量がチームリーダーとして必要な資質です。

たとえば、会社のCEOは、先の四つの思考のクセをすべて持つ「全脳タイプ」でないといけないといわれています（注29）。

TIME HACKS! 74

## オフサイドルールをつくる

ルールが決まっていて、逸脱《いつだつ》を許さないルーチンワークと、ルールがまったくないノンルーチンワークを紹介しました。

NOTE

注29　ネッド・ハーマン著『ハーマンモデル──個人と組織の価値創造力開発』（東洋経済新報社）に詳しい。

しかし、多くの業務はこのふたつが組み合わさっているセミルーチンのものです。一部ルールはあるのだけど、かといって毎回同じように対応はできないもの。原理原則を大切にしながらも、現場においてはケース・バイ・ケースでの対応が求められるものです。

ルーチンワークほどのがんじがらめのルールではなく、**ちょっとした小さなルール設定によって、豊かな創造性を生み出すのがこのセミルーチンの特徴**です。

たとえば、近代サッカーの成立は、現在のオフサイドルールの設定によるものだといわれています。

それまでは、前線に選手が残って、とにかくパスを通してシュートすればよかった。それが、オフサイドルールができ、待ち伏せ行為が禁止されたわけです。最終ディフェンスの後ろでパスを待つことができなくなったことによって、サッカーがとたんに豊かな戦略性を持ったスポーツへと変貌《へんぼう》しました（注30）。

ここでは、ルーチンワークと違って、**ルールをつくることによって、より創造的なアウトプットを期待します**。チームとして、「これはやっちゃいけない」というルールを決める。オフサイドルールをつくることによって、「頭を使わせる」のです。ルーチンであれば、ルールは「頭を使わないため」のものでした。

たとえば、現代広告の父といわれるデイヴィッド・オグルヴィは、白抜き文字は読まれないという調査結果が出ているから絶対に使うな、というのですが、じゃあ白抜きでない文字はすべてOKかというと、当然そうではない。白抜き文字を使わずとも、すぐれた広告をつくれ、ということなのです。

ここにはある種の矛盾《むじゅん》が含まれています。「コストを下げながら、性能を上げろ」といった要求もこれに似ています。**矛盾するふたつのことを「同時に」求める**というのが、オフサイドルールのポイント。サッカーのオフサイドルールのコンセプト、「紳士であるなら待ち伏せをするな」は、一方で「それでも得点を上げろ」という要求でもあります。

**優れたルールというのは、このように「矛盾した問い」という形で表現されます。**

それに答えようとして、頭をフル回転させる。チームで濃密な時間をすごすためには、優れた問いをチームで共有し、問いに答えようとして共同作業を行うことなので

NOTE

注30　一八六三年に「アウト・オブ・プレー」として成立、パスをもらうオフェンスの前に三人のディフェンスが必要な三人制オフサイドルールを経て、一九二五年に現在の二人制オフサイドルールになったそう。ゲームをおもしろくするために、ルールも試行錯誤《しこうさくご》が行われる。

す。

「手続きモデル」と「サバイバルモデル」の間にあるこうしたセミルーチンワークを、「スポーツモデル」と呼びたいと思います。ここでは、**適度なルール化が行われることによって、技術の向上を図ることが可能**になります。スポーツ化されるからこそ技が体系化されて、洗練された技術としての習得が可能になっていくのです。

## TIME HACKS! 75 一人でやる仕事を二人でやる

スポーツモデルの業務については、技術の洗練が行われるということを書きました。たとえば、典型的には営業の仕事。これはけっして手続きモデルではありません。お客さんは一人ひとり違いますし、そこで話すべきセールストークも必然的に変わってきます。

しかし、そこではある一定のルールが存在します。そのルールに従いながら、場数を踏むことによって優れた営業になる。ルールの中での洗練。そこには、スポーツの上達と似た、技術の洗練のプロセスがあります。

ここで**重要なのは、繰り返し**。一回限りの業務を続けていても、その場限りの技術で終わってしまいます。スポーツモデルの業務においては、何度も同じ業務を繰り返すことによって、その業務をより効率的に、効果的にこなせるように習熟していくのです。

そこで、チームメートの技術の習熟度を高めるハックとして、一人でやる仕事を、あえて二人でやるというハックがあります。これを具体的に実行している会社が「はてな」。

「はてな」では、アプリケーションのプログラミングを二人でいっしょにやるそうです（注31）。エキスパートがついて、二人一組でやると、自然ともう一人のスキルがアップするのです。しかも、同じ環境、同じ状況で作業をやるので、なかなか共有しにくい「体験」をも共有することができます。そして、さらにいいことには、**二人で作業をやるにもかかわらず、一人ひとり別々にやるよりも効率的**。

まず、**二人でやるとさぼらなくなる**（笑）。お互いに相手の時間を取っていることを意識するので、できる限り効率的に進めようとする意識が働きます。また、問題

NOTE

注31 近藤淳也《こんどうじゅんや》著『「へんな会社」のつくり方』（翔泳社）は、チームハックのアイデアの宝庫。新しい組織論が実践されている様子を読むと、ほんとうにドキドキしてしまう。

が発生しても、**二人いるとそれだけ解決策が見つけやすくなる**。それに、二人のチェックが入るので、そもそも**ミスが起こりにくくなります**。岡目八目《おかめはちもく》で、となりで作業を見ていると、やっている本人よりもミスに気づくもの。

先に挙げた営業のスキルもそう。先輩が「何もいわなくていいから」といって、部下を営業の現場に連れていく。そこで先輩のやっていることを聞いて、どういうことが行われているのかを見ることによって、学んでいくのです。**本からは学べない技術が、そこにはあります**。

手続きモデルの業務においては、一人でできることは一人でやったほうがいいわけで、そこに「足し算」の原理が働きます。ところが、スポーツモデルの業務については、そこに「技術」が問われるようになるため、単なる足し算ではなくなってくるわけです。

何人集まっても技術がないと、それは足し算にもならず、ゼロはゼロ。営業の成果も出ません。これはまさに、**技術による「かけ算」の世界**です。

この**かけ算の世界では、どういう化学変化が起こるかがポイント**になります。たとえば、前述のＩＤＥＯの多様なチーム構成というのも、まさにこの化学変化を起こすためのものでした。二人での作業を行うことで技術が伝えられるハック。これは、実は化学変化の基本レシピでもあるわけです。

## TIME HACKS! 76 重要な打ち合わせは立ち話で済ませる

手続きモデルの業務はコミュニケーションの量をできるだけ減らそうとするものでしたが、サバイバルモデルやスポーツモデルの業務は、その逆。むしろコミュニケーションの量が、アウトプットの質へと転化していきます。そのため、こまめに会って打ち合わせをしたほうがいい。ちょっと時間の無駄を覚悟しても、直接会いに行って話をしたほうがいいのです。

先にも書きましたが、ここには時間の概念の大きな転換があります。たとえば三〇分かけて会いに行くことは、足し算、引き算の世界ではマイナスでしかありません。電話やメールで済ませばよいわけです。

しかし、ここで働いているのはかけ算の原理。**三〇分かけて会いに行ったとしても、そこでのかけ算が二倍、三倍となれば、費用対効果としてはまったく問題**ないのです。

打ち合わせは、長時間のものを一回行うよりは、短時間のものを数回行ったほうが効果的です。ここでは**時間の「長さ」よりも、「濃度」が重要**となります。「はてな」が立って行っている打ち合わせを、ぜひ取り入れたいところ（注32）。ちょっと廊下ですれ違った機会を捉えて、さっと状況把握するための打ち合わせをする。なにもアポイントを取って会議室で行うものだけが打ち合わせではありません。コミュニケーションを伴《ともな》うものは、すべて打ち合わせの一種なのです。

いいかたを変えると、**ある程度、情報の冗長性（無駄）を許容する**ということ。メールで「たいへんお世話になっております」と始めるのも、ある種の冗長性。お世話になっていると思っていても、それを伝えたいと思って書くのではなくて、プロトコルなんです。それが、このノンルーチンやセミルーチンの業務であってもやはり重要になってきます。立ったままの打ち合わせをするときも、たとえばちょっとしたジョークから始めるなんてことも、円滑《えんかつ》なコミュニケーションには重要になります。

こうしたことも、時間のかけ算があるからこそ。ルーチンワークにこうしたコミュニケーションを取り入れていたら無駄でしかありませんが、創造的なアウトプットを得るためには、こうした一見無駄に感じられることを

NOTE

注32　これも近藤淳也著『「へんな会社」のつくり方』に詳しい。

やっていく必要があるわけです。

## TIME HACKS! 77 足し算とかけ算

さて、ルーチン、ノンルーチン、セミルーチンの業務を比較しながら、チームとして能力を発揮するためにはどうすればよいのかというハックを紹介してきました。ライフハックは、個人だけでなくチームとしても十分、活用可能です。

ただしそこには、時間の計算方法について、「パラダイムシフト」が必要になります。それは、**時間を足し算するのではなく、かけ算する**ということです。

よく、チーム構成が悪いがために、結局一人ひとりの能力を足し上げたものさえも達成できないケースを見ることがあります。

一方で、チーム構成がよく、それぞれの役割をきっちり果たしていくことで、個々人の持っている能力以上のパフォーマンスを上げるケースも多々あります。そこには、このチームハックで紹介したように、業務タイプによる仕事の進めかたや、多様なメンバーを集めるチームビルディングなどのハックが存在しますが、それらをひと

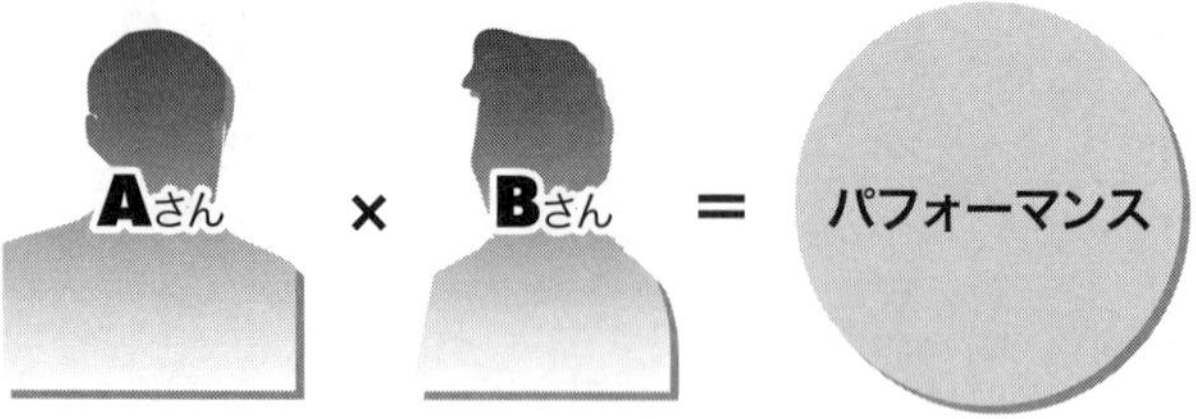


ことでいうと、足し算で考えず、かけ算で考えるところにポイントがあるわけです。

なぜかけ算になるのか。それは、**チームのパフォーマンスが、チームメンバーの関係性によってつくり出される**から。お互いを補《おぎな》い、支え合うような関係をチーム内につくれるかどうか。そこで、適切な作業プロセスを実行できるか。チームの裏には、そういう複雑なネットワークが存在するのです。

そしてそれは、チームと個人という枠組みを超えて、社会と個人というところへもつながっていきます。次の「計画ハック」では、そうした社会と個人の関係性についても考えてみたいと思います。

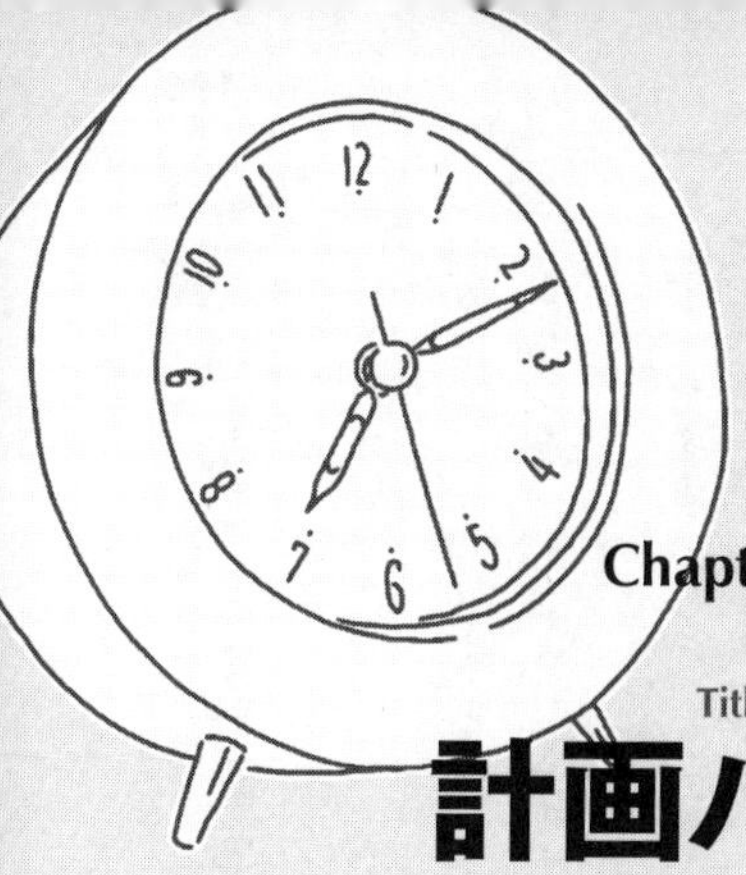

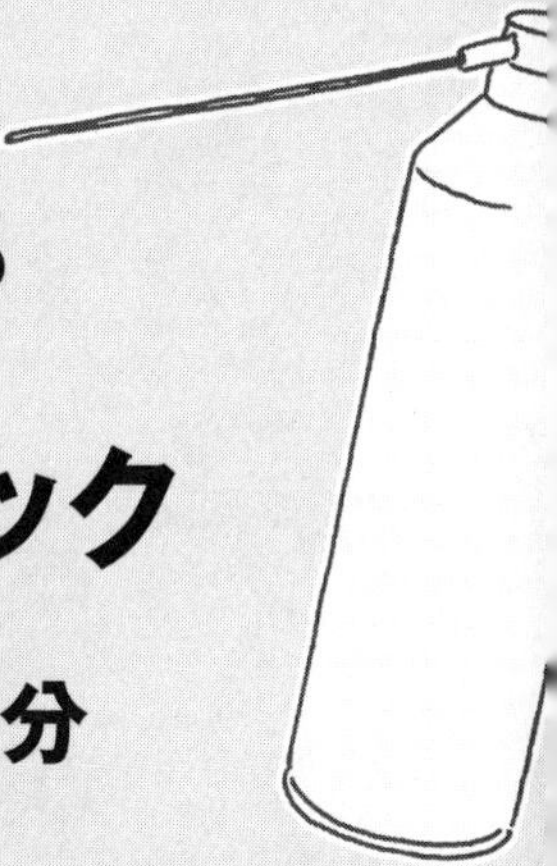

Chapter6

Title

# 計画ハック

Sub Title

## 微分と積分

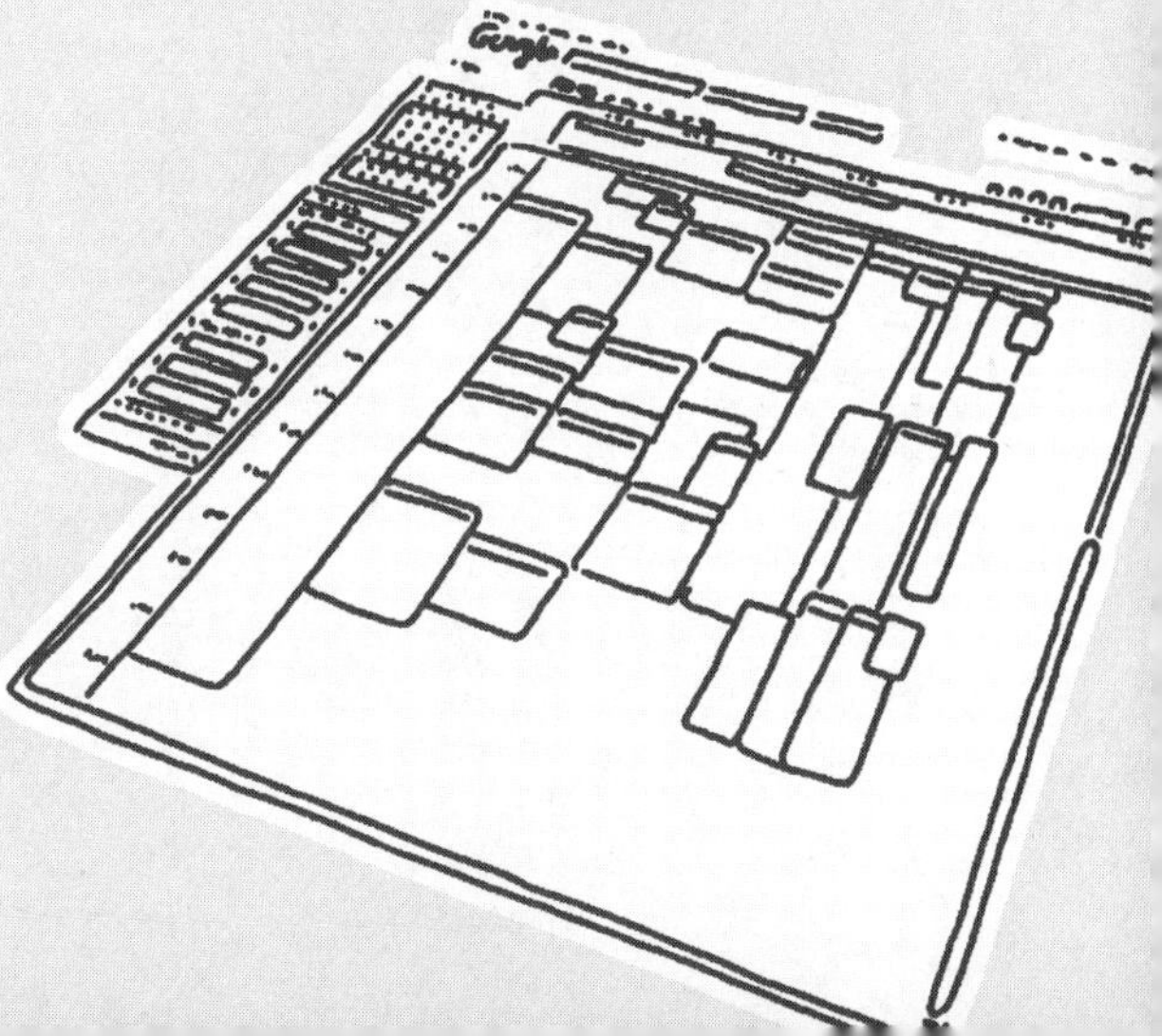

TIME HACKS! 78

## 四半期ごとに計画を立てる

ToDo、スケジュールハックというように、短期的な時間の管理方法を紹介しましたが、ここでは少し長期的に時間を扱っていきたいと思います。それこそ、人生全体の時間を扱うには、ToDo、スケジュールだけでは不十分です。

まず、おすすめしたいのが、**一年を三ヵ月で区切って見ていく**という方法です。この三ヵ月は、三学期制の学校でいうところの一学期のようなものですし、企業でいうところの四半期にあたります。学校や企業でもこの単位を用いているというところに、なにかしら意味があるはずで、これを個人の計画にも取り入れようというのがこのハック。

学生時代を思い出してください。一学期一学期、それなりの成長があったはずなのですが、それが大人になると、あっという間にすぎてしまい、成長を感じられなくなってしまう。

それだけ若いころは時間の濃度が高かったともいえるし、逆に、今すごしている時

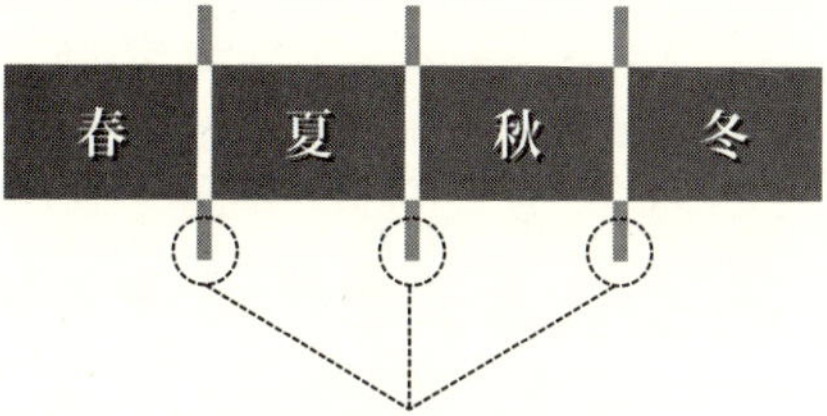


**時間に区切りを入れて計画を立てていく**

間の濃度の薄さを反省させられます。あのころの充実した時間をもう一度、といってもなかなか難しいですが、少なくとも、あのころあった**時間の区切りを取り戻したい**と思うのです。

この**三ヵ月ごとの計画のいいところは、日本ならではの季節感と連動しているところ**です。春、夏、秋、冬と、日本の四季にはそれぞれ意味があります。命の芽吹く春、生命エネルギーがあふれる夏、農作物などが実る収穫の秋、厳しいながらも土の下でエネルギーを蓄《たくわ》えている冬。そのリズムを取り戻すことも、このハックのポイントになります。

TIME HACKS! 79

## 計画に季節感を取り入れる

**①春は新しいルーチンワークを始める**

春は、入学の季節。つまり、新しいことを始めるのに一番適した時期だといえます。せっかくの桜の季節、湧《わ》き上がる躍動感《やくどう》をそのまま、計画にも反映させたいところ。

そこで、ここはひとつ、**新しい勉強を始めたい**。スポーツでもいいですね。あたたかくなっていく季節に合わせて、自分の興味を広げていく。さらにそこから、人との出会いも生まれるのが春。躊躇《ちゅうちょ》せず人に会いに行って、活動範囲をどんどん広げていきましょう。

**②夏に短期集中する**

夏は、短期集中。お盆休みなどを活用して集中するのに適しています。**数週間や一ヵ月などの短期間を設定して、何かひとつのものに打ち込んでみる**といい。夏バテする季節でもあるので、あまり長期的な計画よりも、短期で成果が見えることのほうが達成しやすいです。また、日が長いのもメリット。朝、日が昇るのが早く、あたたかいので早起きもカンタン。それだけ、時間を有効に使えます。

僕自身、ビジネススクールに行くための英会話を始めたのが夏でした。短期集中のつもりで、ほとんどの空き時間を英会話に費やしたのです。それができたのは、こうした夏の恩恵《おんけい》があったからです。

### ③秋は収穫の季節、成果を楽しもう

**秋は、春夏でやってきたことに対する成果を上げる収穫の季節**と位置づけます。たとえば春から新たに英会話を始めたのなら、この時期に海外旅行を入れて実力試しをする、なんてことにも時間を使いたい。

ここをすぎると、冬に突入してしまうので、ちょっと億劫《おっくう》になってしまいます。活動するなら最後のチャンス。やり残しがないようにもうひとふんばりです。

秋はまた、少し落ち着いた活動を始めるのもいいですね。芸術の秋という言葉もあるくらい、文化活動に適しています。夏の間には落ち着いて読めなかった長めの本に取りかかるのもいいですね。

### ④冬に振り返る

冬は一日も短く気温も低く、朝の早起きもつらいし、夜もあまり出歩きたくない季節。こういうときには、**秋までの活動の振り返り**を行います。

一二月、とくに大晦日《おおみそか》の一日だけでも、とても重要な時期です。振り返るかどうかで、時間を大切にすごせるかどうかが決まります。大晦日は一年を振り返り、大げさ

にいえば、それまでの人生を振り返るいいタイミングなのです。

ここで前年の大晦日との違いを認識できなければ、一年を棒に振ったのと同じ。だから、しっかり一年の進歩を見極めておきたいところ。

冬の間には、**次の春からの活動の計画を練《ね》ります**。冬ごもりしてやっておくことは、情報収集。活動できない鬱憤《うっぷん》を春に晴らすには、しっかりとした情報収集が不可欠。そして、その情報収集にもとづいた計画を立てる。そういう時期なのです。

ここで見た季節ごとの計画ハックですが、必ずしもこの通りに従うことが重要ではありません。ただ、時期を区切ること、そして時期ごとにストーリーをつけていく意識を持つだけでも効果があるはずです。

TIME HACKS! 80

## 旅行の計画を入れる

**三ヵ月スケジュールではぜひ、旅行の計画も入れていきたい**。なぜなら、長期間、オフィスを空けると仕事にメリハリがつくからです。

一年を三ヵ月ごとに分けるのも、そこに区切りを入れるためです。その**区切りがあ**

**るからこそ、時間が有限のものとして感じられて、大切にすごすことができます。**さらにそこへ旅を入れて、人生という散文に「読点」を入れるのです。

旅行の時間の使いかたは、オフィスでの時間の使いかたとはまったく異質です。分単位で計画されたツアー旅行は別として、自由時間のある旅行では、そこで起こる出来事や気分によってスケジュールをいろいろと変えていくことができます。ここでは、人のために使う時間はほとんどありません。強いていえば、お土産《みやげ》を買う時間くらい。かわりに、自分のための時間があるだけです（家族旅行だと別ですが）。

そのとき、意外と時間を持てあます人が多い。いざ「自分のために時間を使っていい」といわれても、どう使っていいかわからない。せっかくの時間がもったいない……。このときの焦燥《しょうそう》感は、これはこれで貴重な「気づき」でもあります。

あるカメラマンが、「アマチュアカメラマンが撮るようにニューヨークを撮ってきて」といわれて、急に写真が撮れなくなってしまったという話があります（注33）。プロカメラマンとして、要望に応えるような写真はいくらでも撮れるようになったのだけど、アマチュアのときにあったような新鮮な気持ちは失われてしまっていたのです。そのため、「なぜ写真を撮るのか」という根本的

NOTE

注33　齋藤《さいとう》清貴《きよたか》著『いきなり上手くなる！　プロのデジカメ写真術』（草思社）。

な問いを自分自身に投げかけながら、写真を撮り続けたというのです。

このカメラマンのようにニューヨークへ行ってみてもいいかもしれません。そしてそこで、**誰かからのリクエストではなく、自分自身の欲求として何をしたいのかを問い直す**ことが重要なのです。そのための旅行を計画するわけです。

## TIME HACKS! 81 ゴールイメージから逆算して計画を立てる

計画を立てるための一番のポイントは、ゴールをイメージすることです。そこからの逆算によって、具体的なスケジュールへと落とし込めます。**ゴールがクリアにイメージできれば、あとは自然と道筋が見えてくる**はずです。

しかし問題は、ゴールがそこまでクリアにイメージできないということ。僕自身、自分のゴールがどこにあるのか、うっすらとしかイメージはありません。単行本版の『TIME HACKS!』を書いた二〇〇六年時点では、いつか「いつも新しいものを生み出す楽しい会社」（注34）をつくりたいと思っていたのですが、それが具体的にどんな会社なのかわからずにいました。ただぼんやりとしたイメージであっても、ちゃんと自分を導いてくれます。

実際に、そのイメージは二〇〇九年、株式会社ブルームコンセプトとしてかたちになりました。今では、新商品開発や新規事業の立ち上げにコンサルタントとして参画して、まさに「いつも新しいものを生み出す楽しい会社」を実現しています。

二〇〇六年の時点ではさらに、新規ビジネスを育てるインキュベーションの仕事をしているイメージを持っていましたが、それはまだ実現していません。二〇一二年の時点でも、それが具体的に「いつまでに」とか「どのくらいの規模で」とか、そういうものはわからない。

それでもなお、ゴールからの逆算で計画を立てることをすすめるのは、**ゴールのわからないマラソンほどつらいものはない**からです。ゴールがどんなものか、ゴールの周辺の風景がどんなものかわからないけれども、「あそこには必ずゴールがある」という信念ほど、人を動かすものはありません。つらいことに立ち向かうときには、「ゴールイメージ」もさることながら、**「そこにゴールがある」という思い込みが大切**です。

三ヵ月単位で計画を立てることを「読点」にたとえる

**NOTE**

注34　ちなみに、「楽しい会社」の定義は、関与している人全員が自身の成長を感じられる会社。継続する組織は、常に優れた教育機関であるべきと思っている。そして、優れた教育機関では、それまでの経験を尊重しはするけれども、それだけでジャッジすることはなく、あくまでこれからの可能性に焦点があてられる。

とするなら、ゴールは「句点」。何かを達成するときに、文章がひとつ終わるわけです。句点のつかない文章がないように、どんなことでも、どこかで一区切りつくはずなのです。

具体的には、まず**三年単位でのゴール設定をおすすめします**。石の上にも三年というくらい、三年続ければそれなりの成果が上がります。途中、「ほんとうに成果が上がるんだろうか？」と不安になっても、まず三年続けてみる。

そしてさらに、**一〇年くらいをめどにもう少し大きなゴールを設定**します。二〇代の人であれば、「三〇歳までにこういうことをしよう」とゴールを設定する。三〇代であれば四〇歳まで。そこに区切りを置くことで、計画を立てるわけです。

一〇年あれば、それなりのことが可能です。どのようなものか明確にイメージできなくても、まずそこに「ゴールがある」と思うことから、スタートするのです。

TIME HACKS! 82

## 新しい世代へと脱皮する

そうして一〇年ごとの大きなゴールを目指していく中でポイントとなるのが、**世代**です。一〇歳年齢が異なると、成長してきた環境も大きく変わってきます。その環境の変化をどう捉《とら》えるのか。そこに、世代という問題が出てきます。

たとえば僕は一九七五年生まれで、いわゆる**七六世代**と呼ばれる世代です。大学時代にインターネットが商用化されて、若いころからインターネットに慣れ親しんできました。この世代から、さまざまなネット系ベンチャーが生まれていったことは、ご存じかと思います。

そうした学生時代に、強烈に印象に残っている出来事があります。あるとき、新聞社の方とお話しする機会があったのですが、インターネットについて、「あんなものは信頼性が低いから、結局、紙の新聞が勝つ」みたいな話をされたのです。ネット世代からすれば、「そんなアホな」というところですが、反論するための言葉もなかったので、違和感だけを抱えていました。

それが結局、一五年たってみたら、紙の新聞の凋落《ちょうらく》傾向は止まらない状況にあります。もちろん、インターネットがすべて正しいというわけではありませんが、自分の立場だけが正しいと盲信してしまうと、こうした変化についていけなくなってしまいます。

最近では、高機能なケータイを誰もが持つようになり、さらにソーシャルネットワークサービスが普及した二〇〇四年に大学時代をすごしていた**八六世代**が登場しています。「ゆとり教育」が導入されたのもこの世代の特徴で、「ゆとり第一世代」と呼ばれることもあります。

この世代は、僕から見ても頼りなかったり、ルールを逸脱《いつだつ》していたり、無知な部分ももちろんあります。足りないところを重箱の隅《すみ》をつつくように見ていけば、どんどん出てくるでしょう。しかしそういう態度を取ってしまったら、「インターネットはダメ」といった、新聞社の人のようになってしまいます。可能性を見逃してしまうのです。

こうした新しい世代が出てくるとき、**その世代へと新しく脱皮できるかどうかが、長く現役を続ける秘訣《ひけつ》**ではないかと思っています。つまり、新しい世代が抱えている問題を、外から他人事のように批判するのではなく、その世代の立場にたって建設的な姿勢で関わっていくということです。これは、自分を変えていくことですから、簡単ではありません。学んだことが多ければ多いほど、抱えるものが多ければ多いほど、脱皮は困難になります。しかしそのたびに、持ち物を捨てて新しい自分になる勇気が必要です。

僕のような七六世代にとっては、その最初の脱皮のタイミングが、まさに今、来ていると感じています（その課題意識を持って取り組んだ著作が、『IDEA HACKS! 2.0』〈東洋経済新報社〉でした）。

長い人生において、こうした脱皮を、おそらくあと二〜三回は繰り返していくことになるかと思います。そこで、新しい世代へと脱皮できるか。それが、人生を長く楽しむコツなのではないでしょうか。

## TIME HACKS! 83 段位をつけて計画の進捗を管理する

「型」を伝承するための仕組みとして、書道、柔道、剣道など日本の伝統技術に取り入れられているのが、**「段位」**という仕組みです。

名人への道は遠いため、どうしても途中で投げ出したくなる。そこで、段位という仕組みで区切りを入れているのです。

二段から三段になるという仕組みは、上達の度合いを図《はか》るものさしとして機能する一方で、これによりモチベーションを維持する役割があるわけです（注35）。「ToDoハック」のところでも紹介しましたが、進歩を実感していれば継続できるもの。**自分自身で二段、三段と勝手に認定することも、モチベーション管理では重要**です。

ちなみに、段位を割り振るためには、ある特定の分野について高段位になっておく必要があります。たとえばプロスポーツ選手は、どれくらい練習していけばその位置まで行けるか知っています。だから、ほかの分野でも、どれくらいやればそのレベルに到達するかだいたい想定できるわけです。

そういう点からいうと、**まずはひとつの分野で上級レベルまで行くというのが、人生の計画を立てるうえでも重要**なのかもしれません。仮にもし、その道が自分にとってベストの道でなかったとしても、一度、その分野の深いところまで理解すれば、ほかの分野での上級レベルも見えてきて、計画が立てやすくなるんですね。

高校時代、哲学者の梅原猛《うめはらたけし》氏にインタビューする機会があったのですが、そのときに梅原氏からも、「あるひとつの分野で、まず秀《ひい》でること」と教えられました。

ところが僕自身は、下手の横好きで、上達するまでこらえることができず、結局今まで、そういう得意分野がありません……。それでも、仕事で優秀な人といっしょになると、「あのレベルまで行くには、たいへんだなあ」と、その道のりの長さを実感することができるわけで、「あの人のレベルが黒帯だな」と、優れた名人をものさしに使っています。

NOTE
注35　成長を実感させてくれるということは、教育機関の持つべき重要な機能のひとつかも。

TIME HACKS! 84

## 夢を携帯電話の待ち受けにする

携帯電話には待ち受け画面があります。スマートフォンにも壁紙があります。そこにあなたの夢を書き込むというのがこのハック。携帯電話の待ち受けに夢を書き込んで、文字通り、あなたを「待ち受け」る夢としてしまうのです。

夢の実現には、夢をいつも思い起こさせることが重要ですが、携帯電話の待ち受け画面はまさにうってつけです。

この夢は、言葉ではなく、画像で表現してもいいでしょう。たとえば将来、アメリカで活躍したいというのであれば、アメリカの風景を待ち受けにするのもいいでしょう。その風景を見るたびに自分の夢を思い出すことになります。

携帯電話がコミュニケーションツールであるという点も、夢を記載するのに適したポイントかもしれません。夢というのは、結局は人と人との関係性の中から出てくるもの。一人の、エゴイスティックな夢は、単なる我欲《がよく》でしかなく、夢とも呼べないものです。コミュニケーションを取ろうとするたびにリマインドされるその夢は、常に「エゴではないだろうか」と問い続けられるということでもあるでしょう。

ほんとうの意味での夢と呼べるものなのか。それを絶えず検証するためにも、人とコミュニケーションするツールの上に夢を載せておくのです。

## TIME HACKS! 85 襲名する

個人的にやりたいことのひとつに、「襲名《しゅうめい》」があります。自分の名前とは別に、歴史を持った名前を引き継ぐ。歌舞伎《かぶき》の世界などがその例でしょう。**ビジネスの世界においても、この襲名の仕組みがあるとおもしろい**のではないかと思っています。もし、そこに洗練された技があり、技を支える型があるのであれば、その技を引き継ぐ人が代々襲名していっても問題ないはずです。

実際、江戸時代では商人であっても○代目というように襲名していましたし、現代でもその伝統を引き継いでいる老舗《しにせ》はたくさんあります。ただ、仮にビジネスの世界に襲名の仕組みがあったとしても、僕自身は、飽《あ》き性《しょう》なので、とても受ける資格はないですが……。

この襲名の仕組みは、時間の感覚を変える不思議な力があります。名前を引き継ぐことによって、歴史も引き継ぐのです。八○年の人生ではなく、歌舞伎であれば四○

〇年の歴史の中に自分を位置づけることになる。そのことによって、人生のスパンを超えたもっと長期的な視点での時間の意識が生まれるのです。

ビジネスにおいても、業界の盛衰について、そこに従事している人が少なからず関与しているわけです。その意識を持ったときに、**自分と社会の間に新しいつながりが見えてくる**はずです。

たとえば、その業界で伝説的な人は少なからずいるはずです。もしくはあなたの会社でもいいです。その人の名前を勝手に襲名してしまうのです。

そして、そこに自分の果たすべき「使命」を見つける。いい換えると、それまで「夢」と呼んでいたものが、ほかの人たちとの関係性（襲名）の中に置かれた瞬間に、「使命」になるのです。そのことによって、仕事に取り組むときの意識がガラッと変わること間違いありません。

襲名するということがあれば、逆に襲名されるというのもありです。大きな仕事であれば、なにも一人で終わらせる必要はありません。**前から引き継いだバトンを次の世代に渡す、というだけでも十分すばらしい仕事**です。

一生は長いようで短いのです。

TIME HACKS! 86

# 夢をソーシャルメディアに書く

こうして見てくると、夢と呼ぶものが、けっして自分一人の思いだけではなく、自分を取り巻くさまざまな人の思いも含んだものであることが実感できます。

「襲名する」というハックでは、過去から現在、未来に続くストーリーの中で、夢は語られるものだったりするわけです。この段階において、夢は「使命」とも呼べるものになります。

こうなると、**夢は個人の独占物ではなくて、他人にも公開すべきもの**になってきます。

そこでおすすめしたいのが、夢をFacebookなどのソーシャルメディアのプロフィール欄に書くということ。恥ずかしいと感じるなら、その夢は使命まで昇華されていないということ。ぜひ、自分のプロフィールの一部として夢を語れるようになりたいです。

しかし一方で、自己顕示《けんじ》欲だけから大きな夢を語る人もいて、そういうケースは許《さ》欺師《ぎし》と区別がつかなくなってしまいます（注36）。「動機善なりや、私心なかりしか」とは、京セラの稲盛和夫《いなもりかずお》名誉会長が第二電電を始めるときに半年間、自分自身に問いかけた言葉です。これに、一点の曇《くも》りなくうなずけるとき、その夢は、あなた自身を表現するものとして、自信を持って公開できるはずです。

……なんていうとちょっとたいへんですが、これをひとことでいえば、堂々とみんなの前で公表できる、ということ。「僕はこうするぞ！」「私はこうします！」と宣言することなんですね。だからまず、恥ずかしがらずにソーシャルメディアなどで夢を語ってみる。

重要なのは、そのことによって、**同じ志《こころざし》を持つ人ともつながっていける可能性**があるということ。

ソーシャルメディアは、人と人をつないでいくサービスですが、そこに志によるつながりが生まれる可能性もあるわけです。そこで発生する「かけ算」こそ、人脈を広げる醍醐味《だいごみ》ですね。

NOTE

注36 橘川幸夫《きつかわゆきお》氏と話す機会があり、テレビはバカを生んだがインターネットは詐欺師を大量生産した、という指摘をされて、感心した。それだったら、バカをつくったほうがまだまし、究極の選択だけど……と橘川氏は続けた。同感。

TIME HACKS! 87

# ライフハックは人生論に先行する

ライフハックが些細《ささい》なことばかりを扱うので、「そんなつまらないことを……」という反応をいただくこともあります。その気持ち、とてもよくわかります。**ほんとうに大切なことは、細かなツールの話ではなく、なぜそうするのかという本質の話です。**

ビジネスの世界でもそれは同じで、戦略がなければ企業は迷走します。同様にライフハックは、戦術論であって戦略性がない、と思われるのだと思います。

ところが、インターネット登場以後の、いろいろなことがつながっていく複雑な社会では、むしろ戦術論が先行して成功していくようなケースがあります。つまり、戦略を立てるにはあまりに要素が多く、何も決定できない。戦略を立てたとしても、それがうまくいく保証は何もない。まずやってみなければ、というケースです。

インターネットビジネスなどがその典型で、収益モデルも見えないまま、まずやってみるというプロジェクトがいろいろあります。従来の戦略論でいくと、まったくナンセンスなものです。

ところが、現代においてはこれが成立してしまう。「とりあえずやってみよう！」と始めたプロジェクトを通じて、戦術を習得していき、その戦術レベルの知識と経験の積み重ねから戦略が見えてくる。**戦術が戦略に先立つ**わけです。

ライフハックも同じです。

まず形から入ったり、方法から入ったりしてみる。そこに戦略性は不要です。やってみるうちにいろいろなことが見えてきて、それが結果的に戦略として結実する。つまり、その人の人生論となる。

このように、**人生論を導くものとして、ライフハックを捉えたほうがいい**のではないかと思っています。

FacebookがIPO（新規株式公開）をするにあたって、マーク・ザッカーバーグが書いた手紙が、非常に印象的です。彼はFacebookの持つ企業文化を「ハッカーウェイ」として、次のように書きます。

ハッカーはすぐに全てを良くしようとするよりはむしろ素早くリリースしたり、より小さな反復から学ぶことによって長期的に最高のサービスを作ろうとします。このことをサポートするために、我々は与えられた時間で何千というバージョンのFacebookを試すことのできる構造を作り出しました。我々は社内の壁に「完璧を目指すよりまず終わらせろ——Done is better than perfect——」と書いて仕事に取り組んでいます。

ハッキングは本質的に人任せでなく、能動的訓練でもあります。新しいアイディアが可能であるか、または何かを作る最も良い方法は何かについて何日間も議論する代わりに、ハッカーはただ試作を繰り返してその動きを見ます。Facebookの会社では次のようなハッカーの持説がよく聞かれます。：「コードは議論に勝つ——Code wins arguments.——」（注37）

ザッカーバーグに倣《なら》っていえば、人生もまた、「行動は議論に勝つ」部分があるといえます（すべてではないですが）。ライフハックとは、**人生を人任せではなく、能動的に引き受ける方法**なのです。

NOTE

注37　TECH SE7EN「Facebook、IPO申請書類に添付されたザッカーバーグの手紙全文」より（http://techse7en.com/archives/3824847.html）

TIME HACKS! 88

## 生命としての〈はたらき〉を与贈循環させる

時間というのは、本当に尊《とうと》いものです。それは人に平等に与えられていて、しかも限られています。お金は際限なく儲《もう》けることができますが、時間は一秒たりとも「儲ける」ことはできません。その時間を何かに費やすというのは、それがたとえ一秒であっても、尊いことです。

こうして費やす時間を、「投資」と考えて、何かの「報酬」を期待して使っていくという方法を見てきました。しかし、その報酬がすぐに返ってくるのではなく、しかも確実に返ってくる保証もないことから、これは投資というよりも、より贈与性の高いものだということもできます。

たとえば、サッカー選手になる夢を見て、小さいころからサッカーに打ち込んでいたとします。その結果、サッカー選手として活躍して高給取りとなれば、それは「投資が成功した」というふうに見ることができます。でも、実際にこうして「成功」する人は、ごくごく一部です。

このように時間を「投資」と考えた場合、とてもじゃないですが、サッカーに打ち込むことなんてできません。サッカーだけではありません。「いい大学を卒業して、大企業に入り、一生安泰」という投資ですら、今や確実だとはいい切れません。

このように、人生という長い時間を考えた場合、時間の「投資」という比喩は、実は適切ではありません。サッカーに打ち込むことは、それ自体が喜びであり、そうして費やした時間で得られた喜怒哀楽《きどあいらく》がそのまま報酬でもあるのです。

親鸞《しんらん》はこれを、「弥陀《みだ》の誓願を信じるだけで救われるのだ」というふうに表現しています。弥陀の誓願とは、みんなを極楽浄土《ごくらくじょうど》へと連れて行くという阿弥陀如来《あみだにょらい》の誓いです。この誓いを信じることができればその瞬間に救われる、というのです。

サッカーの例でいえば、きっと報《むく》われるのだと信じた瞬間に、そうやってサッカーに打ち込む時間そのものが、素晴らしい実りのある時間に変わるということです。勉強していい大学に入って大企業に就職して定年を迎える、という未来によって救われるのではなく、未来を信じて勉強に打ち込んでいる現在の時間そのものが、豊かな時間となって自分を救ってくれるのです。

このことをさらに、哲学的に解き明かしたのが、場の研究所所長の清水博《しみずひろし》先生です。清水先生はこれを**「与贈循環」**と表現します。

自分のいる場所に対して、自分の生命の〈はたらき〉としての時間をプレゼントすることによって、その場所が豊かでよりよいものとなり、未来の場所の豊かさが自分にプレゼントとして戻ってくる。この循環を、与贈循環と呼んだのです。

たとえば、そうじひとつとっても、その場所がきれいになれば、きれいになった場所からの恩恵《おんけい》を受けることになります。サッカーというチームスポーツに時間を費やせば、そこに仲間との絆《きずな》が深まり、〈場〉としてのチームが豊かになり、その関係は大きな実りをもたらしてくれます。勉強して自分が賢くなれば、その後、自分にかかわる人全員が恩恵を受け、関係する組織や地域といった〈場〉が豊かになっていくでしょう。

このように、時間を自分自身のために費やすと考えるのではなく、自分のいる場所に対して与贈するのだと考えると、与贈の循環が生まれ始めます。

そして、場所への与贈は、けっして無駄になることはなく、必ず報われると信じた瞬間に、その与贈そのものが喜びとなる。ここには、親鸞の言葉と同じことが起こっています。

東日本大震災以降、継続してボランティア活動にかかわっていますが、そうした活動は東北や日本といった場への与贈と捉えています。ボランティア活動はそれ自体、さまざまな学びをもたらしてくれる素晴らしい体験ですが、そこへさらに、未来の場が豊かな実りをもたらしてくれるのだと信じることで、その体験はよりいっそう、豊かなものとして感じられるようになります。

経済的には成熟してしまった日本は、これからこうした時間の与贈によって豊かになっていくしかないと思っています。東日本大震災は、そうしたことを考える大きなきっかけを、僕たちに与えてくれたのではないかと思います。

TIME HACKS! 89

## 微分と積分

高校の数学で習った微分《びぶん》と積分《せきぶん》というものがあります。微分は、グラフのあるポイントにおける傾きを示します。グラフの横軸を時間、縦軸をなにかしらの成果と捉えれば、これはある瞬間において、人生が上り坂なのか下り坂なのかを示す指標となります。

**幸せな瞬間というのは、この傾きが右肩上がりのとき。**そのときは、グラフの中で自分がほかの人に比べて低い位置にいたとしても、結構幸せです。

いや、グラフの高い位置にいる人が、下方向の傾きにさしかかったときに比べると、むしろ圧倒的に幸せです。

高度経済成長を続けていたときの日本などは、まさにそういう状態でした。先進国に比べてまだ貧しい部分があったとしても、成長していたので幸福だった。先進国になってしまった今は、かえって幸せを感じにくくなっています。


確かにお金はわかりやすい。右肩上がりは数字ではっきり見えます。しかしそれは、いつしか限界がくるし、たとえ運良く下がることがなかったとしても、今の日本の状態のように、そこに幸せを感じるにも限度があります。暮らしていけるだけのお金があれば、それで十分なわけです。

ところが、経験という尺度で考えるならそうではない。

**常に新しい経験をし続けて、驚きをもって日々を生き生きと暮らしていくことに限界はありません。**

「時間投資ハック」では、時間を経験などに変換したのちにお金に変換するという話をしました。しかし実は、お金の部分はあくまで結果的にそうなる、という話であって、グラフの縦軸は、経験などの精神的なものを持ってきたほうが幸せなのです。

こうした、ある瞬間でのグラフの傾きを、人生ではなく一日の中で考えると、それは「効率ハック」になります。また、組織のパフォーマンスという視点でいくと、それは「チームハック」につながっていきます。いずれも、**「幸福な時間」「充実した時間」を感じられる状態をいかに実現するかというハック**なのです。そして、このような移ろいやすい「状態」というものを取り扱わないといけないのは、時間というものがそういうものだからなんです。やっぱりそこが難しい。

その方法論は、日本にはさまざまあって、たとえば禅《ぜん》の本を読んでいても、それは一瞬を永遠と感じたり、永遠を一瞬と感じたりするような、時間概念の転換を目的としていたりもします。

一方で、積分という考え方も必要になります。積分は、一瞬の積み重ねを集めたもの。微分が「状態」であれば、こちらはいわば「成果」の部分。こなしたＴｏＤｏの量に注目すれば「ＴｏＤｏハック」、スケジュールによる仕事の進行管理でいくと「スケジュールハック」、人生という長期スパンで考えると、この「計画ハック」が積分的な考えかたになります。

基本的には、微分も積分も、両方必要です。ところが、一般的にはどうしても積分

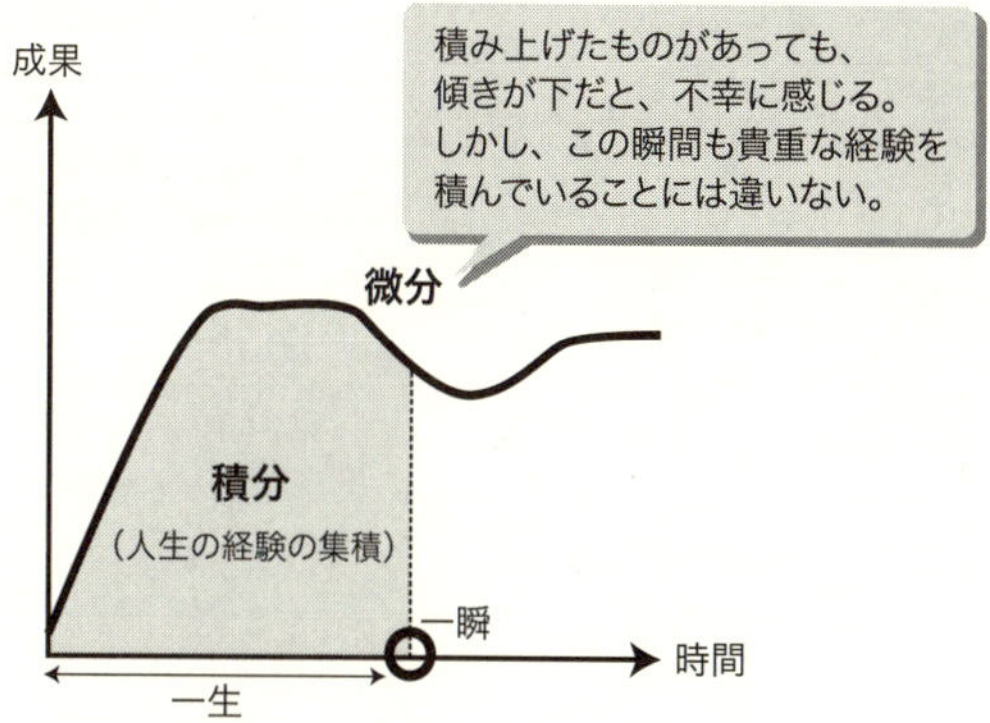
積み上げたものがあっても、
傾きが下だと、不幸に感じる。
しかし、この瞬間も貴重な経験を
積んでいることには違いない。
成果
微分
積分
（人生の経験の集積）
一瞬
時間
一生

のほうが優先されやすくなっています。状態は移ろいやすく取り扱いにくい一方で、成果のほうはわかりやすいからです。

しかし、忘れてはいけないのは、成果はあくまで、状態の積み重ねによってできるもの、ということ。

この視点からいけば、ストレスフリーな仕事術を取り扱う**ライフハックは、成果ばかりに気を取られがちなビジネスの世界において、状態へ目を向けることを促《うなが》すもの**でもあるわけです。ライフハックが刹那《せつな》的であるかのように思われる人も多いかもしれませんが、ちょっと居直《いなお》ったいいかたをすると、刹那的だからこそイイ！のです。

「計画ハック」では、季節感も取り込んでみました。日本人はもともと、そういう刹那を取り扱うことに長《た》けていたはずです。力量不足でなかなかそこまではできなかったのですが、たとえば、季語を入れることをルールとしている一七音の俳句の世界を、ビジネスに取り込むとどうなるのか。いろいろな想像がふくらみます。

ライフハックが、単に効率を高めるハックとしてではなく、時間を楽しむための「発句《はっく》」となればと思っています（注38）。

NOTE

注38　お後がよろしいようで……。

## TIME HACKS!
## 先駆的な知としてのライフハック

『出現する未来』（講談社）というなんとも魅力的な書名の本には、過去からではなく、まだ起きていない未来から学ぶ方法が提示されています。「まだ起きていない未来」――当たり前のことですが、未来はまだ起きていません。そして、起きていないからこそ、期待もすれば、不安になったりもする。

その起きていない未来から、何かを感じ取る。まるでタイムマシンのようなこのアプローチこそ、「時間をハックする《タイムハック！》」にふさわしいものでしょう。

人類学者レヴィ＝ストロースは、未開の社会をフィールドワークしているうちに、現地の人々の不思議な行動に気づきます。ジャングルを歩いていると小枝や石などの資材や道具となりそうなものを、サッと拾っていったりするのです。

彼らはそうした「あとで役に立つかもしれない」ものを、何か具体的な用途があるからではなく、無計画に持ち歩くのですが、しかし実際、あとでこれが役に立つ。うまくやりくりして、活用してしまう。こうした寄せ集めで対応する能力をレヴィ＝ストロースは「ブリコラージュ」と呼びました。

どういうものが必要になるのかわからない状況で、役に立ちそうなものを選びとる。思想家の内田樹《うちだたつる》氏は、ここに未来を察知する「先駆《せんく》的な知」があるのだと指摘しました。そうでなければ、適切な素材を選びとることができないからです。彼らは何が必要になりそうなのか、それまでの経験や知恵をフル稼働させて直感します。まさに、まだ起きていない未来から、彼らは「学んで」いるのです。

＊内田樹の研究室「ブリコルールの心得」http://blog.tatsuru.com/2009/08/18_1001.php

ライフハックもまた、このブリコラージュです。「ハック」とは、もともと切り刻むというような意味があり、あり合わせの道具でサクッと対応することを意味します。

そこにあるのは、未来に起こるできごとに対する周到な準備というよりも、予期せぬ出来事に対して手持ちの道具でなんとかやりくりする知恵なのです。

とすれば、内田氏の指摘するように、ここにはまだ起きていない未来から学ぶ先駆的な知が働いているはずです。将来、どんなことが起こるかわからない都会のジャングル。そんな状況においても、未来を予感して、役に立ちそうな道具をかばんに入れ、問題が起これば即座に対処《ハック》するノマドワーカーこそ、現代のブリコラージュの使い手です。

ここでは、過去の法則もルールも、巨大なシステムも役に立ちません。頼ることができるのは、未来から学ぶ先駆的な知だけです。ライフハッカーとして、誰も足を踏み入れたことのないジャングルに踏み込む勇気を忘れてはいけない。

この『TIME HACKS!』によって、まだ見ぬ未来への一歩を踏み出すための勇気が湧いてくるのを感じてもらえたとしたら、それは僕にとって望外の喜びです。

二〇一二年三月　小山龍介《こやまりゅうすけ》

本作品は二〇〇六年一二月、東洋経済新報社より刊行された『TIME HACKS! 劇的に生産性を上げる「時間管理」のコツと習慣』を文庫収録にあたり加筆、改筆したものです。

小山龍介―1975年、福岡県生まれ。株式会社ブルームコンセプト代表取締役。京都大学文学部哲学科美学美術史学卒業。大手広告代理店勤務を経て、サンダーバード国際経営大学院でMBAを取得。2006年からは松竹株式会社プロデューサーとして歌舞伎をテーマにした新規事業を立ち上げ、2009年より現職。新規事業コンサルティング、ハックノートをはじめ新商品プロデュースなどを行っている。また、創造性を身につける企業研修『IDEAHACKS! 創造性ワークショップ』は、大手通信会社、大手メーカーなど、多くの企業で採用されている。

講談社+α文庫 TIME HACK《タイムハック》S!
――劇的に生産性を上げる「時間管理」のコツと習慣

小山龍介《こやまりゅうすけ》

2012年4月20日第1刷発行

発行者――鈴木 哲
発行所――株式会社 講談社
東京都文京区音羽2-12-21 〒112-8001
電話 出版部(03)5395-3529
販売部(03)5395-5817
業務部(03)5395-3615
カバーイラスト――石川ともこ
帯写真――野辺竜馬
デザイン――鈴木成一デザイン室
本文データ・図版制作――朝日メディアインターナショナル株式会社
カバー印刷――凸版印刷株式会社
印刷――慶昌堂印刷株式会社
製本――株式会社国宝社

落丁本・乱丁本は購入書店名を明記のうえ、小社業務部あてにお送りください。
送料は小社負担にてお取り替えします。
なお、この本の内容についてのお問い合わせは
生活文化第二出版部あてにお願いいたします。
Printed in Japan ISBN978-4-06-281469-0
定価はカバーに表示してあります。

| 書名 | 著者 | 内容 | 価格 |
| --- | --- | --- | --- |
| ＊私のウォルマート商法 すべて小さく考えよ | サム・ウォルトン<br>渥美俊一 監訳<br>桜井多恵子 | 売上高世界第1位の小売業ウォルマート。創業者が説く売る哲学、無敵不敗の商《あきな》いのコツ | 940円 G 82-1 |
| 変な人が書いた成功法則 | 斎藤一人 | 日本一の大金持ちが極めた努力しない成功法。これに従えば幸せが雪崩のようにやってくる | 600円 G 88-1 |
| 斎藤一人の絶対成功する千回の法則 | 講談社 編 | 納税額日本一の秘密は誰でも真似できる習慣。お金と健康と幸せが雪崩のようにやってくる | 590円 G 88-2 |
| 世界にひとつしかない「黄金の人生設計」 | 橘 玲＋<br>海外投資を楽しむ会 編著 | 子どもがいたら家を買ってはいけない!? お金の大疑問を解明し、人生大逆転をもたらす！ | 800円 G 98-1 |
| 「黄金の羽根」を手に入れる自由と奴隷の人生設計 | 橘 玲＋<br>海外投資を楽しむ会 編著 | 「借金」から億万長者へとつづく黄金の道が見えてくる!? 必読ベストセラー文庫第二弾 | 781円 G 98-2 |
| 不道徳な経済学 擁護できないものを擁護する | 橘 玲 訳・文<br>ウォルター・ブロック | リバタリアン（自由原理主義者）こそ日本を救う。全米大論争の問題作を人気作家が超訳 | 838円 G 98-3 |
| 貧乏はお金持ち 「雇われない生き方」で格差社会を逆転する | 橘 玲 | フリーエージェント化する残酷な世界を生き抜く「もうひとつの人生設計」の智恵と技術 | 838円 G 98-4 |
| 黄金の扉を開ける 賢者の海外投資術 | 橘 玲 | 個人のリスクを国家から切り離し、億万長者に。世界はなんでもありのワンダーランド！ | 838円 G 98-5 |
| 孫正義 起業のカリスマ | 大下英治 | 学生ベンチャーからIT企業の雄《ゆう》へ。リスクを恐れない「破天荒《はてんこう》なヤツ」ほど成功する!! | 933円 G 100-2 |
| だれも書かなかった「部落」 | 寺園敦史 | タブーにメス!! 京都市をめぐる同和利権の〝闇と病《や》み〟を情報公開で追う深層レポート | 743円 G 114-1 |

＊印は書き下ろし・オリジナル作品

表示価格はすべて本体価格（税別）です。本体価格は変更することがあります

講談社+α文庫 Ⓖビジネス・ノンフィクション

闇将軍 野中広務と小沢一郎の正体　松田賢弥
強権、利権、変節! 日本を手玉に取ってきた男たちの、力の源泉と"裸"の実像を暴く!!
838円 G 119-1

鈴木敏文 商売の原点　緒方知行 編
創業から三十余年、一五〇〇回に及ぶ会議で語り続けた「商売の奥義」を明らかにする!
590円 G 123-1

*図解「人脈力」の作り方 資金ゼロから大金持ちになる!　内田雅章
人脈力があれば六本木ヒルズも夢じゃない! 社長五〇〇人と「即アポ」とれる秘密に迫る!!
648円 G 126-1

私の仕事術　松本大
お金よりも大切なことはやりたい仕事と信用だ。アナタの可能性を高める「ビジネス新常識」
648円 G 131-1

情と理 上 カミソリ後藤田回顧録　後藤田正晴 御厨貴 監修
"政界のご意見番"が自ら明かした激動の戦後秘史! 上巻は軍隊時代から田中派参加まで
838円 G 137-1

情と理 下 カミソリ後藤田回顧録　後藤田正晴 御厨貴 監修
"政界のご意見番"が自ら明かした激動の戦後秘史! 下巻は田中派の栄枯盛衰とその後
838円 G 137-2

さわかみ流 図解 長期投資学 最後に勝つ、財産づくりの仕組み　澤上篤人
株価の「目先の上げ下げ」に右往左往する必要はない。「気楽にゆっくり」こそ儲けのコツ!
686円 G 139-1

成功者の告白 5年間の起業ノウハウを3時間で学べる物語《ストーリー》　神田昌典
カリスマコンサルタントのエッセンスを凝縮 R25編集長絶賛のベストセラー待望の文庫化
781円 G 141-1

虚像に囚われた政治家 小沢一郎の真実　平野貞夫
次の10年を決める男の実像は梟雄《きょうゆう》か英雄か? 側近中の側近が初めて語る「豪腕」の真実!!
838円 G 143-2

*公明党・創価学会の真実　平野貞夫
内側から見た45年の全裏面史! 「自公連立」を作った暴力団との「密会ビデオ」とは何か!?
762円 G 143-3

*印は書き下ろし・オリジナル作品

表示価格はすべて本体価格(税別)です。本体価格は変更することがあります

# 講談社+α文庫 Ⓖビジネス・ノンフィクション

*続 上海発！ 中国的驚愕流儀
須藤みか
NYを抜いて在留邦人が1位となった上海。そのミラクルでパワフルな社会を生き抜く術
686円 G 155-3

考えるシート
山田ズーニー
コミュニケーションに困ったとき書き込むシート。想いと言葉がピタッ！とつながる本
619円 G 156-1

闇権力の執行人
鈴木宗男
佐藤優 解説
日本の中枢に巣喰う暗黒集団の実体を暴露！ 権力の真っ只中にいた者だけが書ける告発!!
933円 G 158-1

*北方領土 特命交渉
鈴木宗男
佐藤優
驚愕の真実「北方領土は返還寸前だった!!」スパイ小説を地でいく血も凍る謀略の記録！
838円 G 158-2

野蛮人のテーブルマナー
佐藤優
酒、賭博、セックス、暗殺工作……諜報活動の実践者が、ビジネス社会で生き残る手段を伝授！
667円 G 158-3

汚名 検察に人生を奪われた男の告白
鈴木宗男
なぜ検察は、小沢一郎だけをつけ狙うのか!? 日本中枢に巣くう闇権力の実態を徹底告発!!
838円 G 158-4

少年をいかに罰するか
宮崎哲弥
藤井誠二
被害者側が救われ加害少年が更生できる法律と社会環境を評論家とジャーナリストが対談
838円 G 160-1

殺された側の論理 犯罪被害者遺族が望む「罰」と「権利」
藤井誠二
「愛する妻と娘の仇は自分の手で」。犯罪被害者遺族の苦悶を描く社会派ノンフィクション
838円 G 160-2

普通の人がこうして億万長者になった 一代で富を築いた人々の人生の知恵
本田健
日本の億万長者の条件とは。一万二〇〇〇名の高額納税者を徹底調査。その生き方に学ぶ
648円 G 166-1

*日本競馬 闇の抗争事件簿
渡辺敬一郎
利権に群がる亡者の巣窟《そうくつ》と化した日本競馬。栄光の裏側の数々の醜《みにく》い争いの全貌《ぜんぼう》を暴露《ばくろ》！
800円 G 167-2

*印は書き下ろし・オリジナル作品

表示価格はすべて本体価格(税別)です。本体価格は変更することがあります

## 講談社+α文庫 Ⓖビジネス・ノンフィクション

| | | | | |
|---|---|---|---|---|
| *「雪見だいふく」はなぜ大ヒットしたのか 77の「特許」発想法 | 重田暁彦 | 花王バブ、なとりの珍味からカードの生体認証システムまで、「知的財産」ビジネス最前線 | 600円 | G 169-1 |
| 40歳からの肉体改造ストレッチ ゴルフ上達から膝の痛み解消まで | 石渡俊彦 | 身体が柔軟で強くなれば、痛み改善、ゴルフの飛距離もアップする。肉体は必ず若返る! | 600円 | G 171-1 |
| 就職がこわい | 香山リカ | 「就職」から逃げ続ける若者たち。そこに潜《ひそ》む〝本当の原因〟に精神科医がメスを入れる! | 590円 | G 174-1 |
| 生きてるだけでなぜ悪い? 哲学者と精神科医がすすめる幸せの処方箋 | 中島義道 香山リカ | 人生で本当に必要なことは? 結婚、就職、お金、常識、生きがい、人間関係から見つめる | 657円 | G 174-2 |
| 〈図解〉日本三大都市 幻の鉄道計画 明治から戦後へ、東京・大阪・名古屋の運命を変えた非実現路線 | 川島令三 | 現在の路線図の裏には闇に葬り去られた数多くの鉄道計画が存在した!! 驚きの図版満載 | 762円 | G 181-1 |
| 〈図解〉日本三大都市 未完の鉄道路線 昭和から平成へ、東京・大阪・名古屋の未来を変える計画の真実 | 川島令三 | 10年後、近所に駅ができているかもしれない!? 地価・株価をも動かす隠密計画の全貌を公開 | 838円 | G 181-2 |
| 〈図解〉超新説 全国未完成鉄道路線 ますます複雑化する鉄道計画の真実 | 川島令三 | ミステリー小説以上の面白さ! 「謎の線路」と「用途不明の鉄道施設」で見える「日本の未来」 | 838円 | G 181-3 |
| 大地震 死んではいけない! 間違いだらけの「常識」にだまされるな! | 株式会社レスキューナウ=編 目黒公郎=監修 | 「水・食料の確保」「火はすぐ消す」は大間違い。日本唯一の危機管理情報専門企業が教示 | 648円 | G 182-1 |
| 渋沢栄一 日本を創った実業人 | 東京商工会議所=編 | 世界の近代化に乗り遅れた日本の進むべき道筋を示し、日本の礎を築いた渋沢の歩み! | 819円 | G 184-1 |
| 黒人に最も愛され、FBIに最も恐れられた日本人 | 出井康博 | 日米開戦前夜、黒人達を扇動し反米活動を仕掛けた日本人がいた。驚愕の秘史が明らかに | 819円 | G 185-1 |

*印は書き下ろし・オリジナル作品

表示価格はすべて本体価格(税別)です。本体価格は変更することがあります

講談社+α文庫 Ⓖビジネス・ノンフィクション

イグ・ノーベル賞 世にも奇妙な大研究に捧ぐ！
マーク・エイブラハムズ 福嶋俊造 訳
たまごっちが経済学賞受賞！ 笑えて、次に考えさせる、もう一つのノーベル賞の全貌!!
686円 G 201-1

ぼくが葬儀屋さんになった理由《わけ》
冨安徳久
村上龍氏絶賛！ 気鋭の葬儀社社長が歩む「遺族の悲しみに寄り添う」お葬式とは!?
743円 G 202-1

沢田マンション物語 2人で作った夢の城
古庄弘枝
5階建てのマンションの設計から土木工事までを独力でやりとげた型破り夫婦の痛快人生！
819円 G 203-1

＊ちっとも偉くなかったノーベル賞科学者の素顔 夢に向かって生きた83人の物語
石田寅夫
一九〇一年のレントゲンから受賞者達の汗と涙の物語。そのまま現代科学の歴史がわかる！
838円 G 204-1

外務省に裏切られた日本人スパイ
原博文 茅沢勤 訳
中国公安に逮捕された残留孤児二世。「我々は無関係」と愛国者を見捨てた外務省の非情！
838円 G 206-1

オーラの素顔 美輪明宏の生き方
豊田正義
「どうしてそんなことまで知ってるの？」——本人も感嘆する美輪明宏の決定的評伝
838円 G 207-1

いまさら入門 バフェット 金融危機に負けない投資法
三原淳雄
リーマンショックにもひるまず！「世界一の投資家」はこうしてお金持ちになった
648円 G 208-1

さらば財務省！ 政権交代を嗤う官僚たちとの訣別
髙橋洋一
山本七平賞受賞。民主党政権を乗っ取った闇権力の正体、財務省が摑んだ鳩山総理の秘密
819円 G 209-1

ビジネスメールを武器にする方法40
平野友朗
相手に好感を持たれ、仕事が好転する技！ 仕事が「できる・できない」はメールでわかる！
619円 G 210-1

古代日本列島の謎
関裕二
日本人はどこから来て、どこへ行こうとしているのか。日本と日本人の起源を探る好著！
781円 G 211-1

＊印は書き下ろし・オリジナル作品

表示価格はすべて本体価格（税別）です。本体価格は変更することがあります